SALUD LABORAL PARA LOS CELADORES

Autoras

Ana Redondo Crespo

Mª Ángeles Tejado Alamillo

Blanca Rodríguez Ortuño

Primera edición. Febrero 2012

C autoras

ISBN: 9781471629990

ISBN 978-1-4716-2999-0

Índice

La salud

La salud es un estado de bienestar físico, psíquico y social. Para que todos los ciudadanos podamos llevar una vida social y económicamente productiva se recoge la protección de este derecho en el artículo 43.1 <<el derecho de todos los ciudadanos a la protección de la salud.

Podemos determinar la salud mediantes indicadores que nos aproximen a los procesos de salud y enfermedad, estas medidas proporcionan una idea del estado de la salud de las personas o las comunidades. Un indicador debe de ser exacto porque mide aquello que queremos medir, fiable tiene el mismo resultado si se utiliza en otras condiciones, preciso mide con muy poca variedad al azar o aleatoria y sencillo en el cálculo y en la interpretación fácil.

La esperanza de vida en España en 1998 para los hombres era aproximadamente de 35 años y para las mujeres de 82,2 años.

Las desigualdades de la salud

Podemos observar distintas interpretaciones, no es lo mismo los que pertenecen a distintos grupos sociales ni el momento histórico en el que viven por ejemplo un anciano de 68 años y un joven de 19.

Porcentajes de los activos laboralmente de hombres y mujeres por la actividad económica

	Hombres	Mujeres
Agricultura	45	15
Construcción	41	35
Industria	38	36
Servicios	27	28

<<Cada día mueren en España tres trabajadores a causa de accidentes laborales que se debieran prevenir>>

Algunos teóricos posmodernos han señalado en años recientes, el trabajo sigue ocupando un lugar central en la vida de las personas y determina no sólo su sustento diario, grado de influencia social y nivel de vida, sino también su salud. Las personas trabajamos dentro y fuera del hogar, con o sin contratos laborales, en forma estable o temporal y en ocupaciones saludables, insalubres o peligrosas.

El trabajo tiene un grado de influencia social, de nivel de vida y de salud, puede también tener un impacto positivo y negativo en la salud y en la calidad de vida de los trabajadores y sus familiares. En España uno de cada diez al año sufre algún tipo de lesión por accidente en el trabajo, al día mueren tres y además están expuestos a carcinógenos.

Poseer un nivel personal de autoestima puede beneficiar también al trabajador.

Marx apunto: <<el trabajo produce maravillas para los ricos, pero expolia al trabajador. Produce palacios pero al trabajador le ofrece cuevas. Produce belleza, pero para el trabajador, deformidad y mutilación. Sustituye al trabajador por las maquinas, pero devuelve violentamente a muchos a un trabajo brutal y convierte al resto en maquinas. Desarrolla la mente, pero el trabajador desarrolla la estupidez y el cretinismo>>

Los contratos o trabajos domésticos no remunerados vienen determinados por la clase social y el género de los trabajadores que asocian el poder tanto a lo social como a lo laboral.

La forma de trabajo, es su mayoría es jerárquica que ayuda también a crear más desigualdad, determinara que tipos de trabajadores tendrá más posibilidad de ser despedidos quienes tengan el contrato más precario o quienes se hallen más o menos expuestos a factores de riesgo físico, químico, ergonómico o psicosocial para la salud. Tres razones son importantes: se asocia estrechamente con el mayor nivel de poder que los grupos sociales dominantes tienen para hacer valer sus intereses, generan distintas dinámicas de identificación colectiva entre las clases y grupos sociales que poseen condiciones vitales y laborales parecidas y el distinto acceso a recursos a recursos y oportunidades de esos grupos se relaciona con condiciones de vida y trabajo que influyen a la desigualdad de la producción de salud y calidad de vida entre las personas. La desigualdad en salud contiene una clara dimensión moral, ética y política.

En su género las mujeres se encargan en general de las tareas domésticas o cuidado de personas que tiene menos valor socio laboral y los hombres desarrollan más los trabajos remunerados considerados como un rol fundamental. Las mujeres se integran en el mundo del hogar sin renunciar a las tareas del hogar que a su vez produce tensión y conflicto en ambos trabajos, a la larga produce consecuencias dañinas para la salud

Este hecho es un reflejo de la situación de normalidad en cuanto la incorporación de la mujer al trabajo que está viviendo la sociedad. "Más vale maña que fuerza" tradicionalmente el trabajo de celador era considerado exclusivamente de hombres. Esto se debe a que se creía que requería mucha fuerza física y por tanto, las mujeres no eran aptas para él. Esta premisa queda desmentida con el paso del tiempo. La dificultad de levantar pesos depende de la técnica más que de la fuerza.

5

Hoy en día la única forma de requerir esta experiencia es en el día a día, esto repercute también en la manera en la manera de realizar su profesión. Se requiere dos competencias claves: conocimiento técnico y un trato humano y amable con el paciente. Son muchos los retos que debe afrontar este colectivo en la sociedad. Por una parte cada vez hay más rotación de camas ya que hay una reducción de ingresos y un aumento en el número de pruebas e intervenciones, lo que aumenta el dinamismo del trabajo de estos profesionales

Especialidad en la salud laboral

La salud laboral incluye actividades muy diversas: desde la realización de un protocolo de vigilancia médica especifica a un trabajador expuesto a un cancerígeno hasta la adaptación de un puesto en el caso de una trabajadora embarazada, pasando por la identificación en el laboratorio de un contaminante presente en las condiciones de trabajo o el estudio de los factores organizativos que pueden incidir en el desarrollo de estrés laboral. Para hacer frente a estas actividades hace falta la colaboración de un abanico de conocimientos. Las áreas más relevantes serian la química, la medicina o la ingeniería pero también la sociología, la psicología, el derecho, la economía y las relaciones laborales. Todas son necesarias para dar una respuesta a los problemas de salud, un servicio de prevención cuenta con médicos, enfermeros, psicólogos, fisioterapeutas, ergónomos, higienistas, epidemiólogos, ingenieros, toxicólogos, microbiólogos, químicos, estadísticos, especialistas en organización de trabajo o especialistas en promoción de la salud.

Sin embargo, a pesar de este hecho, lo que existe en la actualidad son diferentes especialidades que integran con más o menos fortuna algunas de estas áreas de conocimientos. Hay poca conciencia, entre las personas que trabajan en distintas parcelas de la salud laboral de formar parte de un distinto colectivo con un objetivo común: resolver los problemas que se originan entre las condiciones de trabajo y la salud de las personas.

Los profesionales de la salud tienen un campo profesional más definido, son los médicos especializados en medicina de trabajo o diplomados en medicina de empresa como los enfermeros diplomados en enfermería de empresa. En las últimas décadas también ha habido un desarrollo en la higiene industrial, la ergonómica y la seguridad en el trabajo que ha influenciado en la aparición de una ley de prevención de riesgos laborales que a nuestro entender sería más correcto llamarles especialidades de salud laboral: medicina, enfermería, seguridad, higiene, ergonomía y psicología.

Para ser acreditado como técnico superior de prevención exige cursar un programa de formación de 600 horas como mínimo, lectivas, el objetivo es conseguir un buen generalista en prevención de riesgos laborales que sepa gestionar la mayor parte de los riesgos que se pueden encontrar en el centro de trabajo.

La oferta formativa que cubre las necesidades de la nueva normativa se amplía durante los últimos años, por ejemplo en programas de posgrado universitario. La implicación de las universidades es una necesidad para poder hacer efectiva la disposición transitoria del reglamento de los servicios de prevención, tiene como carácter transitorio y hasta que se pronuncie la autoridad educativa, responsable de elaborar un marco normativo definitivo, No obstante requerirá la oferta de formación complementaria en temas específicos o para la permanente actualización de conocimientos de los ya titulados y en que la oferta formativa. Aparte de reforzar la calidad docente, es una necesidad para poder hacer efectiva la disposición transitoria del reglamento de los servicios de prevención, tiene un carácter transitorio la autoridad laboral pero se puede pronuncian la autoridad educativa que es la responsable de elaborar las normas.

Siempre requerirá, la universidad ofertas de formación complementarias en temas específicos o para la permanente actualización de conocimientos de los ya titulados y en que la oferta formativa de títulos propios en las universidades será una muy buena opción, con mucha flexibilidad para adaptarse y modificar con rigidez las titulaciones universitarias.

Las especialidades permiten conocer las condiciones de trabajo y los problemas de salud y estarían asistidas por otras áreas que ayudan a conocer el contexto social, económico y normativo como la organización y economía de empresa, las relaciones laborales o el derecho del trabajo. Por lo tanto la salud laboral es un campo profesional interdisciplinario, que requiere conocimientos, habilidades y actitudes diversas e integradas en un mismo marco conceptual.

Las especialidades preventivas tiene también otros profesionales como el auditor de los sistemas de los sistemas de gestión de prevención de riesgos laborales, hay otros más específicos como incendios, ventilación industrial, análisis de riesgo químico, riesgos en la construcción, coordinadores de seguridad, expertos en valoración de el daño corporal o peritos judiciales de prevención.

Especialidades profesionales y áreas afines de la salud laboral:

Derecho del trabajo y relaciones laborales

Higiene

Seguridad   Enfermería

Ergonomía   _____

Psicología   Medicina

Ética en el ejercicio profesional

Juana es una trabajadora de 30 años, lleva ya unos meses trabajando de celador en turno de noche, los nuevos contratos empiezan de turno de noche y hay varios trabajadores con más antigüedad, Juana trae una nota del médico de cabecera en la que indica que tiene la presión arterial elevada difícil de controlar, solicitando el médico un cambio de turno para disminuir el estrés y la tensión, le está creando hipertensión. Si usted como responsable del servicio de prevención de riesgos laborales accede a las recomendaciones del médico, ayudara a Juana pero le quitara la oportunidad a otro trabajador. La empresa quiere mantener un buen clima. La normativa legal vigente reconoce el derecho de la reubicación de los trabajadores discapacitados. Usted, ¿Qué haría? ¿Cómo le comentaría su decisión al médico, a Juana y a los trabajadores de la empresa?

Es probable que la decisión final no satisfaga a plenamente a todos.

La ética, es filosofía que ayuda a razonar y guiar nuestra conducta puede ser útil en tales circunstancias. Pretende razonar cuestiones del bien y del mal. Los principios éticos nos ayudan a razonar, entender y comunicar una decisión para elegir sobre lo correcto o lo incorrecto. También son útiles para guiar, razonar y adoptar una decisión cuando no está clara.

Objetivos:

Definir los principios éticos que orientan el ejercicio profesional de la prevención de riesgos laborales.

Describir la utilidad de los códigos éticos profesionales, y comparar y contrastar diferentes códigos éticos en el campo.

Identificar las responsabilidades éticas del profesional, en el contexto de los reconocimientos del médico, la evaluación de riesgos, el ámbito médico-legal y en la investigación

Proponer algunas medidas preventivas para evitar los conflictos éticos en este campo profesional.

Tabla comparativa de la ética y la moral:

Ética	Moral
· Rama de la filosofía	· Sistema social
· Valores razonados	· Creencias impuestas Socialmente
· Trata del bien y del mal	· Trata sobre temas de justicia
· Busca soluciones Universales (la verdad) Perdura más a lo largo El tiempo	· Busca soluciones de índole mas local. Flexible, evoluciona a lo largo del tiempo
· Normas adoptadas por La propia mentalidad Del sujeto	· Normas transmitidas (o impuestas) por la sociedad
· Influye en la conducta Desde la conciencia	· Influye en la conducta desde el exterior
· Actúa como determinante	· Actúa como determinante del

De la conducta individual   comportamiento interno a una
Sociedad

Obligaciones principales y responsabilidades en seguridad y salud laboral

Los aspectos jurídicos más importantes como expresar algunas opiniones que el transcurso del periodo ha ayudado a perfilar y madurar. El derecho en la seguridad y la salud laboral ha evolucionado de manera importante.

Deberíamos preguntarnos cuales son las causas que explican la disfunción existente entre un tratamiento normativo difícilmente mejorable y una realidad práctica que no puede mejorar.

La cultura de la prevención (anverso) o cultura del riesgo (reverso) es un factor sobre el que debemos seguir trabajando en estadios, seguramente, previos a la entrada del trabajador/empresario en el mercado de trabajo.

Tenemos un sistema de control público (inspección de trabajo) muestra la ineficacia y la ineficiencia.

La infravaloración del daño laboral por parte de los órganos judiciales y la compensación final del daño se acaben detrayendo cantidades percibidas por el trabajador termina conduciendo a una situación en la que el sujeto que incumple no acaba asumiendo el coste de la totalidad del daño causado al trabajador, por eso los incentivos reales para que se haga prevención se ven considerablemente reducidos, como el propio incentivo para que el trabajador acuda a la jurisdicción solicitando la compensación de daños y perjuicios por un accidente de trabajo.

No queremos que el peso o responsabilidad recaiga, pues la configuración de la organización de la prevención a nuestro Estado es muy mejorable. Un real decreto ha intentando solventar los efectos perversos de la prevención. Estas normas no han abordado el problema ya que han creado más confusión.

Hemos querido explicar la prevenciones cuales siguen siendo, el derecho de la salud y la seguridad laboral, determinando el ámbito subjetivo y objetivo de su aplicación y, con ello de su actuación como prevencioncitas; mencionando los aspectos más relevantes como las previsiones sobre protección de trabajadores especialmente sensibles y sobre situaciones especiales de riesgos; finalizando con una breve pero suficiente explicación sobre el control de las responsabilidades en materia de seguridad y salud.

Ley de prevención de riesgos laborales
1. Inclusiones
1.1 Generales

·Trabajadores arts. 1.1 y 8.1 del TRLET

·Personal civil en la administración

·cooperativas de socios trabajadores

1.2 Matizadas

·Fabricantes importadores y suministradores

·Centros y establecimientos militares

·Establecimientos penitenciarios

·Trabajadores autónomos

2. Exclusiones

·Policía, seguridad y resguardo aduanero

·Protección civil y peritaje en casos y catástrofe publica

·Trabajadores en el servicio del hogar familiar

Prevención de los riesgos laborales

El objetivo del aseguramiento de los riesgos laborales es garantizar a los trabajadores la reparación de los daños sufridos por el trabajo y solo puede obtenerse a través de la acción judicial, que puede resultar larga, costosa y de resultados inciertos. El seguro beneficia al trabajador, pero también al empresario.

El aseguramiento de los riesgos laborales depende de las contingencias aseguradas (¿que son los daños cuya reparación queda garantizada?), la cobertura (¿Cuáles son los colectivos de trabajadores que se incluyen o excluyen del sistema?) y las prestaciones (asistenciales y económicos). A todo esto tiene derecho el trabajador, es fundamental reconocer la organización del sistema, la naturaleza de las entidades aseguradoras así como sus fuentes y sus formas de financiación.

Los fallos del sistema de prevención de los riesgos laborales que justifican la necesidad de aseguramiento.

El objetivo de un sistema de aseguramiento de los riesgos laborales en el de garantizar a los trabajadores la reparación de los daños a la salud sufridos con motivo de trabajo. La mayoría de los países los daños son accidentes de trabajo y las enfermedades profesionales.

Los objetivos de un sistema de aseguramiento de los riesgos laborales, es garantizar a los trabajadores la reparación de los daños sufridos por el trabajo, el alcance del aseguramiento viene determinado por la definición legal de estas contingencias que en la gran mayoría de los países es tal el daño por accidentes de trabajo y enfermedades profesionales.

Los accidentes de trabajo es un suceso súbito inesperado y no deseado que puede causar un daño al trabajador, las enfermedades profesionales puedes llegar a considerarse accidente de trabajo.

También son reconocidos como accidente de trabajo, los accidentes en desplazamiento fuera del centro de trabajo pero durante la jornada laboral.

Se pueden dar tres clases de enfermedades profesionales, una es la que es provocada por el trabajo, debe demostrar que el trabajado está enfermo que hay un agente capaz de causar la enfermedad y que hay una relación entre la causa y la enfermedad.

La segunda es una lista de enfermedades profesionales determinada con su agente causal, facilita el reconocimiento de enfermedad profesional, las que estén fuera de la lista no estará reconocida como tal aunque tenga origen laboral.

A la tercera se le llama sistema mixto que es la lista de las enfermedades con su definición.

La prevención de lesiones dorso lumbares en el manejo de cargas.

Las lesiones de espalda pueden producirse en tareas de manipulación manual de cargas cuando:

  o   Se realizan de forma incorrecta.

  o   Se supera la capacidad física del trabajador.

  o   Se realizan de forma repetitiva durante un tiempo prolongado.

¿Por qué se producen estas lesiones?

Los huesos, articulaciones y músculos pueden dañarse al someterlos a un esfuerzo mayor del que pueden soportar. Este esfuerzo es debido no sólo al peso a levantar o transportar, sino también a la forma en que se realiza la tarea.

¿Qué podemos hacer para evitar estos sobreesfuerzos?

1º.- Evaluar el trabajo:

  •   Compruebe el peso.

  •   Determine el agarre óptimo.

  •   Analice que el recorrido esté libre de obstáculos.

  •   Verifique si se pueden utilizar medios mecánicos de elevación y transporte.

  •   Valore la necesidad de utilizar equipos de protección individual: guantes, calzado de seguridad, etc.

2º.- Utilizar la técnica correcta de elevación y transporte:

  •   Aproximarse a la carga.

- Apoye los pies firmemente separándolos a una distancia igual a la de sus hombros.

- Agáchese doblando las rodillas para recoger la carga.

- Coja la carga por la parte más segura y sujétela de forma equilibrada.

- Mantenga la espalda recta durante toda la maniobra.

- Levante suavemente la carga enderezando las piernas. No realice tirones bruscos.

- Mantenga la carga lo más próxima posible a su cuerpo con los brazos extendidos.

- Si el peso o las dimensiones de la carga son excesivos, pida ayuda a un compañero.

- A la hora de transportar, es mejor empujar que tirar de la carga.

- Deslizar un objeto requiere menos esfuerzo que levantarlo.

- Revise que la superficie sobre la que va a realizar el desplazamiento de la carga sea lo más lisa posible.

- Utilice medios mecánicos siempre que pueda (traspaleas, carretillas, mesas móviles, carritos, etc.).

Nunca eleve una carga de forma manual por encima de los hombros.

No realice giros de cintura mientras levanta y/o transporta una carga.

Conocer la morbilidad por accidentes de trabajo en personal relacionado con la sanidad (área hospitalaria y atención primaria) por ejemplo en la provincia de León, el análisis retrospectivo de los accidentes de trabajo que ocasionaron baja laboral, en dicho colectivo. En la provincia de León durante 1990 observarnos una tasa de accidentes en trabajadores relacionados con la sanidad (31,4/1000 trabajadores) menor que las tasas de accidentes en trabajadores en general, en el mismo período de tiempo en León (63,3/1000). Castilla y León (44,7/1000) y España (59.8/1000). La tasa de accidentes en mujeres (37.4/1000) fue más alta que en hombres (21,7/1000). Por puesto de trabajo se accidentaron más los celadores y personal de mantenimiento (Tasa de accidentes 118/1000). Sufrieron más accidentes de trabajo los trabajadores del área hospitalaria (Tasa de accidentes 43.9/1000) que los del área de atención primaria (Tasa de accidentes 8.8/1000). La forma de producción más frecuente fue la caída (38.2%).La lesión más frecuente fue el esguince (38.2%). Las partes del cuerpo más afectadas fueron los miembros superiores (30,9%) e inferiores (30%)). El 93.7% de los accidentes de trabajo fueron clasificados como accidentes de grado leve. Conclusiones: Los trabajadores relacionados con la sanidad se accidentan menos que los trabajadores en general. El riesgo de sufrir un accidente de trabajo se relaciona directamente con el puesto y lugar de trabajo. Predomina la patología de carácter leve.

Organismos públicos con competencias

La aprobación de la ley 31/1995 sobre la prevención de riesgos laborales establece los recursos que deben destinarse a la acción preventiva, asigna funciones a estos recursos y dice las pautas que debe seguir su interrelación para ser respetadas, intervienen las Administraciones Publicas en nivel estatal, autonómico y local, las Administraciones Laborales, Sanitarias, Educativas y de Industrias, empresarios, trabajadores, empresas que prestan servicio en el ámbito preventivo, agentes sociales y profesionales de la prevención.

La empresa principal en la prevención de riesgos laborales, el empresario el trabajador y sus representantes son los protagonistas, los poderes públicos tienen que ayudar y proteger la salud de los trabajadores, es el principio de la política social y económica de nuestro país, deben tener garantías y cumplir su compromiso de protección mediante la prevención de riesgos laborales.

Las competencias:

·Ministerio de Trabajo y Asuntos Sociales

·Dirección General de Trabajo

·Dirección General de Ordenación de la Seguridad Social

·Instituto Nacional de Seguridad e Higiene en el Trabajo

·Instituto Social de la Marina

Ministerio de Sanidad y Consumo

·Dirección General de la Salud Pública

·Instituto Nacional de Medicina y Seguridad en el Trabajo

·Instituto Nacional de Silicosis

Órganos de Coordinación

·Comisión Nacional de Seguridad y Salud en el Trabajo

·Comisiones Regionales de Seguridad y Salud en el Trabajo

· Fundaciones para la Prevención de Riesgos Laborales

·Comisiones de Control y Seguimiento de las MATEPSS

Organismos públicos Internacionales

·Organización Internacional del Trabajo

Organismos Dependientes de la Unión Europea

·Unidad de Salud y Seguridad en el Trabajo

·Agencia Europea para la Seguridad y la Salud en el Trabajo

·Red Europea de la Salud y Seguridad en el trabajo

·Fundación Europea para la mejora de las Condiciones de Vida y Trabajo

·Comité Económico y Social

·Confederación Europea de Sindicatos y Unión de Confederaciones de la Industria de la Comunidad Europea.

Organización de la prevención en la empresa

La salud es un derecho básico reconocido en nuestra legislación, a la vez que un bien social, que tiene relación con la protección de los riesgo laborales exigible por la empres, por eso el Estado obliga a las empresas a través de la Seguridad Social a garantizar la asistencia médica de los daños producidos por el accidente de trabajo y enfermedades profesionales y su rehabilitación, así como la compensación económica de las secuelas o disminución de la capacidad laboral.

El empresario tiene el deber y obligación proteger la salud del trabajador de los riesgos derivados del trabajo, por eso el Estado dicta unas normas mínimas exigibles: la organización de la prevención, asesoramiento, asistencia, consulta y participación en el proceso preventivo tanto a las empresas como a los trabajadores.

La Ley de Prevención de Riesgos Laborales tiene dos tipos de organizaciones empresariales, las obligadas a disponer estructuras técnicas de asesoramiento en lo relativo a la seguridad y la salud, a las que no afecta no significa que estén exentas de riesgo.

La regulación normativa de la organización de la seguridad y salud laboral ha avanzado tanto que produce cambios en las empresas en el sentido económico, tecnológico, social, político... El Estatuto de los Trabajadores regula la organización de la salud laboral de las empresas y la normativa de los servicios médicos es derogada en 1997 por el Reglamento de los Servicios de Prevención y había presentando nunca cambios.

Esto aumenta la presión de los cambios de la normativa y necesidad de armonizar la legislación estatal con las directivas europeas tanto en lo general como en lo concreto, así España inicio un proceso de reelaboración de la legislación empezó su promulgación en 1995 y ha seguido su desarrollo. Todo el proceso de desarrollo de la Ley de Prevención de Riesgos Laborales ha sido muy dinámico, ha incorporado diversas modificaciones y actualizaciones la más relevante quizás sea la Ley de Reforma del marco normativo de prevención de riesgos laborales en 2003, aun no se ha finalizado este capítulo con tres borradores en 2005 para favorecer la integración de la prevención en las empresas de aspecto deficitario.

El artículo 14 de la Ley de Prevención de Riesgos Laborales establece la obligación de la empresa de garantizar la seguridad y salud laboral de los trabajadores a su servicio en todos los aspectos relacionados con el trabajo.

El mismo artículo obliga a la empresa a la integración de la actividad preventiva en la empresa y la adopción de cuantas medidas sean necesarias para la protección de la seguridad y la salud de los trabajadores.

Termina señalando una serie de obligaciones empresariales, con correlativos derechos de los trabajadores, entre las que se encuentran:

- La consulta y participación de los trabajadores.

- La obligación de dotarse la empresa de una organización preventiva.

- La obligación de desarrollar determinadas actividades preventivas.

Órganos de participación:

La consulta y participación de los trabajadores en materia de prevención de riesgos laborales está recogida en la Ley de Prevención de Riesgos Laborales 31/1995 de 8 de Noviembre en su Capítulo V titulado: "Consulta y participación de los trabajadores".

El derecho a la participación de los trabajadores, resulta esencial para garantizar la efectividad y eficiencia de las intervenciones dirigidas a la mejora de las condiciones de trabajo.

Consulta de participación de los trabajadores

- Delegados de prevención. Órgano de representación de los trabajadores en materia de prevención de riesgos laborales (art. 35 LPRL: "... representantes de los trabajadores con funciones específicas en materia de prevención de riesgos en el trabajo". 36.1, d) (funciones participativas.)

- Comité de seguridad y salud. Órgano paritario y colegiado de participación (Art. 38 LPRL: "... órgano paritario y colegiado de participación destinado a la consulta regular y periódica de las actuaciones de la empresa en materia de prevención de riesgos.").

Según la citada Ley de Prevención de Riesgos Laborales, las empresas o centros de trabajo que cuenten con 50 o más trabajadores, están obligadas a constituir el Comité de Seguridad y Salud.

Organización preventiva:

De acuerdo con lo dispuesto en el Capítulo IV de la Ley de Prevención de Riesgos Laborales las empresas deben dotarse de una organización o sistema preventivo para desarrollar sus obligaciones en materia preventiva.

A pesar de esto, no se puede olvidar las décadas anteriores a la Ley de Prevención de Riesgos Laborales que se ha producido un incremento de la organización y la ordenación.

En algunos de estos convenios hay una propuesta de prevención de riesgos laborales, asegura la asistencia pública gratuita, sin relación con los riesgos laborales y con una mínima rentabilidad diagnostica, por ejemplo para 2004-2006 el apartado de seguridad salud laboral y medio ambiente exigió a las empresas que los trabajadores mayores de 35 años se hicieran una revisión anual ginecológica, cada vez es más concreto y abundante en las empresas.

La siniestralidad laboral es uno de los problemas más graves de nuestro mercado laboral. Un problema, asociado a la precariedad y la temporalidad laboral, perversamente instaladas en las empresas. La UGT-PV viene denunciando en los últimos años la irresponsable actitud de algunos empresarios respecto a la seguridad en los puestos de trabajo y, la dejadez de la Administración autonómica, que incumple su obligación de proteger la integridad de los trabajadores y trabajadoras.

El objetivo genérico de la Prevención de Riesgos Laborales es proteger al trabajador de los riesgos que se derivan de su trabajo; por tanto, una buena actuación en Prevención de Riesgos Laborales implica evitar o minimizar las causas de los accidentes y de las enfermedades derivadas del trabajo. Esto debe conseguirse, en primer lugar, fomentando -primero en los responsables de las empresas y después en todos los trabajadores- una auténtica cultura preventiva, que debe tener su reflejo en la planificación de la prevención desde el momento inicial.

Para llevar a cabo esta planificación es necesario desarrollar un proceso que tiene varias etapas, la primera de las cuales es la evaluación inicial de los riesgos inherentes a los puestos de trabajo que hay en la empresa; esta revisión de partida, y su actualización periódica, conducen al desarrollo de medidas de acción preventiva adecuadas a la naturaleza de los riesgos detectados, así como al control de la efectividad de dichas medidas. Todo ello debe ir, además, acompañado de un proceso permanente de información y formación a los trabajadores y trabajadoras para que conozcan el alcance real de los riesgos derivados de sus puestos de trabajo y la forma de prevenirlos y evitarlos.

Se trata, en resumen, de definir, establecer y desarrollar en las empresas Sistemas de Gestión para la Previsión de Riesgos Laborales de manera formen parte de la gestión integrada de las organizaciones, con el fin de

- evitar o minimizar los riesgos para los trabajadores

- mejorar el funcionamiento de las propias empresas

- ayudar a las organizaciones a la mejora continua de sus sistemas integradas de gestión.

Es fundamental que la Prevención de Riesgos Laborales se integre en la gestión general de la empresa como una dimensión más de la misma. Las Organizaciones deben dar una importancia equivalente a lograr un alto nivel en la gestión de la Prevención de Riesgos Laborales que a otros factores que se consideran tradicionalmente fundamentales de la actividad empresarial. Para ello, es preciso que se adopten criterios bien definidos y estructurados para la identificación, la evaluación y el control de los riesgos laborales.

Se trata, en definitiva, de conseguir una integración de la prevención de riesgos en la gestión de la empresa, buscando concretar la misma en la promoción y la protección efectiva de la seguridad y salud de cada trabajador o trabajadora. El objetivo no es únicamente, por ejemplo, mejorar la formación en seguridad del personal de la empresa, sino garantizar, para cada uno de los trabajadores, la formación y la información adecuadas sobre los riesgos que entraña su puesto de trabajo, y la adaptación de sus características psicofísicas a las del puesto de trabajo que tiene asignado.

La planificación de la prevención debe seguir un proceso estructurado en varias etapas. El ámbito de aplicación de dicha prevención y el alcance de la misma depende de las características de cada empresa (su actividad productiva y, en consecuencia, los riesgos potenciales de sus puestos de trabajo, etc.), pero la metodología que ha de seguirse se materializa en los llamados Sistemas de Gestión de Prevención de Riesgos Laborales. Un Sistema de Gestión de Prevención de Riesgos Laborales debe responder a una serie de características esenciales, comunes en muchos aspectos con el proceso de búsqueda de la calidad total; estas características son las siguientes:

- Globalidad: el Sistema de Gestión de Prevención de Riesgos Laborales debe contemplar todas las actividades de la empresa; la interrelación de las actividades de los distintos departamentos de la empresa obliga a tener una visión conjunta de la misma.

- Oportunidad: las acciones que implique la aplicación del Sistema de Gestión de Prevención de Riesgos Laborales deben realizarse en el momento adecuado, para que tengan la efectividad deseada.

- Eficiencia: la búsqueda de la consecución de objetivos debe realizarse tras haber analizado el origen de los problemas, no sus efectos.

- Integración: es necesario analizar la repercusión de cada acción derivada del Sistema de Gestión de Prevención de Riesgos Laborales sobre el conjunto de la empresa, estudiando las ventajas e inconvenientes que cada una de estas acciones presenta con respecto a los objetivos prefijados.

- Cuantificación: es necesaria la búsqueda continua de ratios y estándares para evaluar en la consecución de los objetivos establecidos.

- Periodicidad: la bondad del Sistema de Gestión de Prevención de Riesgos Laborales deberá ser revisada con una metodología y una recurrencia predeterminadas, lo que permitirá evaluar los éxitos obtenidos y corregir los defectos y las desviaciones.

Para implantar un Sistema de Gestión de Prevención de Riesgos Laborales es imprescindible que en la empresa se haya inculcado previamente una cultura preventiva tal y como se ha comentado anteriormente, a fin de que exista una implicación efectiva relacionada a la necesidad de implantarlo.

Es fundamental, por tanto, que la dirección de la empresa participe directamente en la implantación del Sistema de Gestión de Prevención de Riesgos Laborales, actuando en varias direcciones: apoyando a la persona que se haya designado como responsable de la implantación, asegurando la participación de todos los niveles de la empresa, incentivando y motivando a los mandos que tienen alguna responsabilidad particular y evitando que se acepten los planteamientos por mera subordinación. A su vez, es necesario que el responsable de la implantación del Sistema conozca la estructura de la empresa y las interconexiones entre departamentos, así como que tenga suficientes conocimientos técnicos y administrativos de la misma. Esto facilitará su labor, y también la seguridad de contar con la cooperación activa del conjunto de los trabajadores y trabajadoras de la empresa.

La colaboración de todos los estamentos de la empresa sólo será posible si tanto los responsables de los distintos departamentos como los trabajadores y trabajadoras en su conjunto, se sienten comprometidos con el objetivo propuesto. Para que todos los empleados alcancen voluntariamente este compromiso han de comprender cuál es este objetivo y por qué se persigue. La comunicación eficaz es fundamental en este punto del proceso, pues permite que todos los niveles de la organización conozcan qué es un Sistema de Gestión de Prevención de Riesgos Laborales y cómo se pone en marcha. Si el procedimiento de comunicación es bueno, permite además el flujo bidireccional de información, con lo que se obtienen las siguientes ventajas adicionales.

- Es posible compartir ideas; del intercambio de ideas surgen nuevos enfoques a los problemas, se superan diferencias y se fomenta la corresponsabilidad.

- Permite expresar los objetivos y así facilitar la implantación de todo el personal de la empresa en el Sistema de Gestión de Prevención de Riesgos Laborales.

- Facilita la aceptación de los cambios, evitando que la imposición de modificaciones no comprendidas terminen en fracaso.

- Obliga a pensar a todo el personal como un equipo organizado, de modo que es más fácil identificar, al analizar el Sistema de Gestión de Prevención de Riesgos Laborales, criterios erróneos que pueden corregirse a tiempo.

Para planificar la acción preventiva, la dirección de la empresa deberá partir de un análisis previo de la situación de la organización en cuanto a la prevención, que incluye una evaluación inicial de los riesgos potenciales que en ella existen para la seguridad y la salud de los trabajadores. Este análisis es el primer paso para el establecimiento de un auténtico Sistema de Gestión de Prevención de Riesgos Laborales, que incluye un diagnóstico de la situación de la empresa, una planificación de las necesidades y una definición de los objetivos. En él también se evalúa la importancia de las deficiencias y se priorizan las recomendaciones, estimando sus costes y confrontándolos con la utilidad de sus beneficios esperados.

El éxito de la política preventiva se fundamenta, pues, en la identificación de los riesgos y del personal expuesto a los mismos. Se hace necesario conocer con detenimiento el ciclo productivo, los sistemas de organización del trabajo con sus peculiares características y la mayor o menor complejidad que entrañe el desarrollo del mismo, la materia prima, los equipos de trabajo ya sean móviles o fijos, y el estado de salud de los trabajadores y trabajadoras a los que se les encomiendan diferentes trabajos. La identificación de los riesgos se debe de realizar desde una perspectiva amplia, contemplando la interacción entre éstos y los trabajadores y trabajadoras.

Por otro lado, la evaluación de riesgos constituirá el proceso orientado a la estimación de aquellos riesgos que no han podido ser evitados, debiéndose recabar la información precisa para que el empresario esté en condiciones de tomar una decisión apropiada en cuanto a la necesidad de adoptar medidas preventivas y en tal caso, sobre qué tipo de medidas deberían adoptarse.

Una vez identificados y evaluados los riesgos, se hace preciso establecer las diferentes acciones de carácter coordinado que tengan como objetivo la eliminación, reducción y control de los mismos, las cuales se recogen en documento escrito constituyendo su formalidad el llamado plan de prevención.

Todas las actuaciones preventivas que se implementen deberán de ser sometidas a control con el fin de comprobar el grado de cumplimiento de los objetivos fijados para garantizar la seguridad y salud del personal. Para que la política preventiva tenga un efecto positivo se hace muy necesario anticiparse a la aparición de los problemas, por lo que el control "a priori" requiere, entre otras acciones:

- Comprobación de los procedimientos operativos.

- Actualización a las nuevas normativas.

- Identificación de prácticas inseguras.

- Reconocimientos médicos específicos en función de los riesgos a los que pueda estar expuesto el personal.

- Valoración de riesgos asociados a los factores psicosociales: estrés, mabinga, burn-out, salud mental...

- Inspecciones técnicas periódicas programadas sobre los puestos de trabajo.

- Muestreos ambientales periódicos.

- Auditorias periódicas sobre el sistema de gestión en todas sus áreas.

- Análisis del grado de motivación y actitudes de todo el personal implicado en el sistema productivo de la empresa, incluidos los mandos.

- Evaluación del nivel de formación y adaptación del personal a las nuevas tecnologías.

- Grado de comunicación entre los diferentes órganos de la empresa.

La opción a considerar y la menos deseada es el control "a posteriori", única actuación a realizar una vez que han aparecido los problemas, bien sean catalogados como incidentes, o en el peor de los casos, como accidentes, lo cual viene a poner en evidencia la debilidad del sistema preventivo, indicando sus fallos. Se hace entonces necesario iniciar procedimientos de investigación, análisis y registro de los factores que han podido producir dichos inoportunos y poco deseables acontecimientos, que afectan por una parte a la integridad personal, y por otra a la continuidad del ciclo productivo.

La empresa deberá de inmediato poner en marcha una serie de acciones, entre las que se encuentran las siguientes:

- Detección de los factores causales,

- Elaboración de un programado plan de actuación,

- Adopción de todas aquellas medidas preventivas que mejor se adapten a los riesgos específicos detectados.

- Aplicación de controles periódicos que garanticen la idoneidad de las nuevas medidas correctoras adoptadas.

Por tanto se está ante un mecanismo de prevención activo, que pretende anticiparse a situaciones negativas, identificando los posibles focos de riesgo, estableciendo, por una parte, mecanismos de aislamiento de los mismos, y por otra, si ello no fuera posible, aislando del riesgo al personal, para lo cual se establecen dispositivos e implementos de protección personal, que minimicen la posibilidad de accidentes y por tanto ayuden a mantener el mejor estado la salud e integridad de todo el personal que interviene en el proceso productivo.

Las empresas que deseen alcanzar criterios de excelencia en materia de seguridad y salud deben estructurarse y funcionar de manera que puedan poner en práctica, de forma efectiva, sus políticas de prevención de riesgos laborales la creación de una cultura positiva que asegure:

- Una participación y un compromiso a todos los niveles.

- Una comunicación eficaz que motive a los trabajadores y trabajadoras a desarrollar las tareas de su puesto de trabajo con seguridad.

- Una información y formación que permitan a todos los trabajadores y trabajadoras hacer una contribución responsable al esfuerzo necesario en materia de seguridad y salud.

- Un liderazgo visible y activo de la dirección para desarrollar y mantener el apoyo a una cultura de la prevención que sea el denominador común compartido por todos los estamentos de la organización.

Un sistema de gestión de Prevención de Riesgos Laborales, para que sea eficaz, exige que:

- La PRL deberá integrarse en el conjunto de actividades y decisiones, tanto en los procesos técnicos, en la organización del trabajo y en las condiciones en que este se preste, como en la línea jerárquica de la empresa, incluidos todos los niveles de la misma.

- La integración de la prevención en todos los niveles jerárquicos de la empresa implica la atribución a todos ellos y la asunción por éstos de la obligación de incluir la prevención de riesgos en cualquier actividad que realicen u ordenen, y en todas las decisiones que adopten.

- El establecimiento de una intervención de prevención de riesgos integrada en la empresa supone la implantación de un plan de prevención de riesgos que incluya la estructura organizativa, la definición de funciones, las prácticas, los procedimientos, los procesos y los recursos necesarios para llevar a cabo dicha intervención.

Distribución de las empresas según los recursos preventivos implantados. Encuesta Nacional de Condiciones de Trabajo, cuestionario a responsables de empresa en 1999 y 2003.

	1999	2003
Trabajador designado	16%	19%
Servicio de prevención propio	5	10
Servicio de prevención mancomunado	2	4
Servicio de prevención ajeno	39	73
Empresario	28	11
Ninguno	24	9
NS/NC	0,8	0,6

Inspección de Trabajo y Seguridad social con la prevención de riesgos laborales

La inspección en el trabajo y la seguridad social es el control de las condiciones de trabajo y de los trabajadores para la prevención de riesgos laborales.

La inspección del trabajo nace del derecho de trabajo. Por ejemplo el cuerpo nacional de ingenieros de minas desarrollo un control de las condiciones de trabajo y las prohibiciones del reglamento de la minería.

Se regulan las inspecciones de trabajo o inspecciones laborales por Ley 42/1997, de 14 de noviembre, ordenadora de la inspección de Trabajo y de la Seguridad Social.

Actuaciones de la inspección de trabajo.

Iniciación de las actuaciones de la inspección de trabajo y seguridad social

1. La Inspección de Trabajo y Seguridad Social actuará de oficio siempre, como consecuencia de orden superior, a petición razonada de otros

órganos, por propia iniciativa, o en virtud de denuncia, todo ello en los términos que reglamentariamente se determinen.

2. Es pública la acción de denuncia del incumplimiento de la legislación de orden social. El denunciante no podrá alegar la consideración de interesado a ningún efecto en la fase de investigación, si bien podrá tener, en su caso, la condición de interesado si se inicia el correspondiente procedimiento sancionador en los términos del artículo 31 de la Ley 30/92, de 26 de noviembre, de Régimen Jurídico de las Administraciones Públicas y del Procedimiento Administrativo Común. No se tramitarán las denuncias anónimas, las que se refieran a materias cuya vigilancia no corresponda a la Inspección de Trabajo y Seguridad Social, las que manifiestamente carezcan de fundamento ni las que coincidan con asuntos de los que esté conociendo un órgano jurisdiccional.

Modalidades y documentación de la actuación inspectora

1. La actuación de la Inspección de Trabajo y Seguridad Social se desarrollará mediante visita a los centros o lugares de trabajo, sin necesidad de aviso previo; mediante requerimiento de comparecencia ante el funcionario actuante de quien resulte obligado, aportando la documentación que se señale en cada caso, o para efectuar las aclaraciones pertinentes; en virtud de expediente administrativo cuando el contenido de su actuación permita iniciar y finalizar aquélla. Las visitas de inspección podrán realizarse por uno o varios funcionarios y podrán extenderse durante el tiempo necesario.

2. Cuando iniciada visita de inspección no fuese posible su prosecución y finalización por no aportar el sujeto a inspección los antecedentes o documentación solicitados, la actuación proseguirá en virtud de requerimiento para su aportación en la forma indicada en el número anterior. Las actuaciones comprobatorias no se dilatarán por espacio de más de nueve meses, salvo que la dilación sea imputable al sujeto a inspección; y, asimismo, no se podrán interrumpir por más de tres meses. Las comprobaciones efectuadas en una actuación inspectora tendrán el carácter de antecedente para las sucesivas.

3. De cada actuación de la Inspección de Trabajo y Seguridad Social, el funcionario actuante extenderá diligencia en el Libro de Visitas de la Inspección de Trabajo y Seguridad Social que debe existir en cada centro de trabajo a disposición de la misma con sujeción a lo que disponga la Autoridad Central de la Inspección de Trabajo y Seguridad Social.

Presunción de certeza de las comprobaciones inspectoras y principios del procedimiento sancionador y liquidatario.

1. El procedimiento sancionador por infracciones en el orden social y de liquidación de cuotas de la Seguridad Social se iniciará, siempre de oficio, en virtud de acta de infracción o acta de liquidación, previas las investigaciones y comprobaciones que permitan conocer los hechos o circunstancias que la motivan. Mediante Real Decreto se regulará el procedimiento administrativo especial para la imposición de sanciones y de liquidaciones en el orden social, común a las Administraciones públicas, que determinarán los requisitos de las actas, notificación, plazos de descargos, prácticas de las pruebas propuestas que se declaren pertinentes y propuesta definitiva de la inspección actuante, así como el régimen de recursos en vía administrativa.

2. Los hechos constatados por los funcionarios de la Inspección de Trabajo y Seguridad Social que se formalicen en las actas de infracción y de liquidación observando los requisitos legales pertinentes tendrán presunción de certeza, sin perjuicio de las pruebas que en defensa de los respectivos derechos o intereses pueden aportar los interesados.

El mismo valor probatorio se atribuye a los hechos reseñados en informes emitidos por la Inspección de Trabajo y Seguridad Social, en los supuestos a que se refieren los números 5, 6, 7, 8 y 11 del artículo 7 de la Ley, consecuentes a comprobaciones efectuadas por la misma, sin perjuicio de su contradicción por los interesados en la forma que determine las normas procedimentales aplicables.

Las actas de liquidación y las de infracción que se refieran a los mismos hechos se practicarán simultáneamente por la Inspección de Trabajo y Seguridad Social. La competencia y procedimiento para su resolución son los señalados en el número tres anterior. Las sanciones por infracciones propuestas en dichas actas de infracción se reducirán automáticamente al 50 por 100 de su cuantía, si el infractor diese su conformidad a la liquidación practicada ingresando su importe en el plazo señalado para el pago.

Los modelos de actas de liquidación se componen de tres partes

- La primera parte, refleja las cuotas de Seguridad Social y otros conceptos tales como número de trabajadores, períodos, bases de cotización, tipos aplicables, cuotas parciales y totales.

- La parte B refleja cuotas y otros conceptos relacionados con las contingencias profesionales.

- El Anexo refleja los hechos que motivan el acta y los preceptos que se infringen.

Las actas de infracción deben notificarse al o a los sujetos responsables en el plazo de los 10 días hábiles contados a partir del término de la actuación inspectora, que debe entenderse desde la fecha del acta.

Una de las sanciones más gravemente sancionada es utilizar trabajadores extranjeros sin haber obtenido con carácter previo la preceptiva autorización de trabajo. Se le impone por la Inspección de trabajo una sanción que oscila entre los 6.001,00 euros y 60.000 euros. Procedimiento sancionador de las infracciones leves y graves en materia de prestaciones del sistema de seguridad social.

Las infracciones leves y graves de los solicitantes o beneficiarios de prestaciones de la Seguridad Social deben ser sancionadas por los Directores provinciales del INSS.

El procedimiento se iniciará:

- Por comunicación de la Inspección de Trabajo y Seguridad Social a la respectiva entidad gestora.

- Como resultado de los antecedentes o datos obrantes en la propia entidad.

Notificación y alegaciones del interesado

El escrito de iniciación del procedimiento sancionador y, en su caso, la suspensión cautelar, se deben notificar al sujeto presuntamente responsable, al cual se le concede un plazo de 15 días hábiles para:

- Alegar por escrito lo que a su derecho convenga.

- Aportar cuantos medios de prueba considere necesarios.

Dicho sujeto puede solicitar el examen de la documentación que haya servido para fundamentar el escrito de iniciación del procedimiento sancionador.

Resolución e impugnación

A la vista de lo actuado, el órgano competente dicta la resolución correspondiente que debe notificarse al trabajador.

Es inmediatamente ejecutiva y recurrible ante los órganos jurisdiccionales del orden social, previa reclamación administrativa ante la entidad gestora. Artículo.96 .2 Real Decreto Legislativo 1/1994 de 20 junio 1994

La sanción impuesta sustituirá a la suspensión cautelar si ésta se hubiese adoptado.

Si no se impusiese sanción, se reanudará de oficio la percepción de las prestaciones suspendidas cautelarmente, incluso con atrasos, siempre que el beneficiario reúna los requisitos para ello, o desde o hasta el momento en que estos concurran.

Reincidencias de las infracciones

Se aprecia reincidencia, cuando el sujeto responsable cometa una infracción cumpliendo los siguientes requisitos:

- Que sea del mismo tipo y calificación que otra ya sancionada.

- Que se realice dentro del plazo de un año al de notificación de ésta.

- Que la infracción anterior haya sido sancionada por resolución firme.

Si la reincidencia no puede ser apreciada, la comisión de otra infracción del mismo tipo sólo puede ser objeto de la sanción prevista en su correspondiente calificación.

Sanción por contratación de trabajadores extranjeros ilegales

En materia de extranjeros el procedimiento sancionador se iniciará por acta de la Inspección de Trabajo y Seguridad Social cuando se trate de alguna de las siguientes infracciones (Base legal: *art.149 de Real Decreto 2393/2004, de 30 de diciembre, por el que se aprueba el Reglamento de la Ley Orgánica 4/2000, de 11 de enero, sobre derechos y libertades de los extranjeros en España y su integración social. (BOE de 7 de enero) art.55 .2 de Ley Orgánica 4/2000, de 11 de enero, sobre derechos y libertades de los extranjeros en España y su integración social. (BOE de 12 de enero)):*

- Encontrarse trabajando en España sin haber solicitado autorización administrativa para trabajar por cuenta propia cuando se cuente con permiso de residencia temporal.

- Encontrarse trabajando en España sin haber obtenido permiso de trabajo o autorización administrativa previa para trabajar, cuando no cuente con autorización de residencia válida.

- La contratación de trabajadores sin haber obtenido con carácter previo el correspondiente permiso de trabajo.

La ordenación de la tramitación de los expedientes sancionadores corresponderá a las Jefaturas de la Inspección de Trabajo y Seguridad Social competentes por razón del territorio.

La iniciación contenido de las actas, notificación y alegaciones se ajustará a lo dispuesto en el procedimiento ordinario de imposición de sanciones del Orden Social.

Cuando los infractores sean trabajadores por cuenta propia, y cuando el empresario infractor sea extranjero podrá adoptarse la medida de expulsión del territorio nacional.

Las actas de infracción se notificarán por la jefatura de la ITSS a los responsables, que podrán formular alegaciones contra las mismas en el plazo de 15 días.

- Si no se formulan alegaciones: La tramitación del procedimiento continuará hasta dictar la correspondiente resolución.

- Si se formulan alegaciones: La Jefatura de la Inspección de Trabajo y Seguridad Social podrá solicitar informe ampliatorio al Inspector o Subinspector que practicó el acta; este informe se emitirá en el plazo de 15 días. Este informe es preceptivo cuando en las alegaciones se invocan hechos o circunstancias distintos a los consignados en el acta, insuficiencia del relato fáctico de la misma o indefensión por cualquier causa.

Finalizado el expediente, el Jefe de la Inspección de Trabajo y Seguridad Social competente por razón del territorio elevará el expediente, con la propuesta de resolución al Delegado o Subdelegado del Gobierno competente. La propuesta debe contener de forma motivada.

- Hechos probados y su calificación jurídica.

- La cuantía de la sanción que se propone se imponga.

Si la infracción incluyese la sanción accesoria de clausura del establecimiento también se efectuará propuesta de resolución sobre la misma. El órgano competente para resolver dictará resolución en 10 días desde la finalización de la tramitación del expediente.

Contra las resoluciones sancionadoras que dictan los subdelegados del Gobierno o los Delegados del Gobierno en las Comunidades uniprovinciales en relación con este tipo de infracciones, se interpondrán los recursos establecidos con carácter general en materia de extranjería (recurso de alzada, reposición y contencioso-administrativo).

¿Qué puedo hacer si he ido a la Seguridad Social a pedir un informe de vida laboral y he comprobado que he estado trabajando sin contrato los últimos seis meses??

Al hablar de informe de vida laboral, entendemos que ha comprobado usted que ha estado trabajando determinado período de tiempo sin que el empresario haya solicitado su alta en el Sistema de la Seguridad Social.

A este respecto, señalarle que, en caso de que usted continúe en la empresa que, según afirma, ha incumplido su obligación de solicitar su alta, puede presentar denuncia por falta de alta en la Inspección de Trabajo y Seguridad Social de la provincia donde radique el centro en el que presta servicios, la cual, a través de oportuna visita de control de empleo comprobará por constatación directa del funcionario actuante su presencia en el centro y la realidad de la prestación de servicios, a efectos de proponer su alta de oficio ante la Tesorería General de la Seguridad Social, sin perjuicio de las responsabilidades administrativas en que haya incurrido el empresario por dicho incumplimiento.

El propio trabajador por cuenta ajena puede solicitar directamente su alta en caso de incumplimiento por parte de los empresarios de su obligación (artículo 100 Ley General de la Seguridad Social).

Por su parte, en caso de que usted ya no preste servicios en la empresa que incumplió su obligación de instar el alta, y no contando entonces la Inspección de Trabajo con ninguna vía de prueba de la existencia de relación laboral (constatación directa, parte de alta, contrato de trabajo, recibo de salarios, acto de conciliación o sentencia que la reconozca) le cabe acudir a la Jurisdicción de lo social demandando el reconocimiento de dicha relación laboral, para lo que podrá valerse de cuantos medios de prueba se encuentren regulados en el Real Decreto Legislativo 2/1995, de 7 de abril, que aprueba el Texto Refundido de la Ley de Procedimiento Laboral (artículo 90).

Quiero poner una denuncia contra mi empresa pero no me atrevo por miedo a que esta pueda tomar represalias contra mí. ¿Puedo denunciar anónimamente?

Conforme al artículo 13.2 de la Ley 42/1997, de 14 de noviembre, Ordenadora de la Inspección de Trabajo y Seguridad Social, no se tramitaran las denuncias anónimas, siendo la identificación del denunciante necesaria para la remisión del informe sobre las actuaciones de comprobación y medidas administrativas llevadas a cabo con relación a los hechos denunciados y frecuentemente utilizada por el funcionario actuante para aclarar o completar ciertos extremos de la denuncia; todo ello, sin perjuicio de la posibilidad del propio denunciante de solicitar cita con dicho funcionario.

Los Inspectores y Subinspectores tienen el deber de considerar confidencial el origen de las denuncias, estando obligados a no revelar la identidad de los denunciantes a las empresas objeto de inspección.

¿Qué actuaciones puede llevar a cabo la Inspección de Trabajo ante una posible situación de Acoso Laboral y cuáles son los elementos constitutivos de la misma?

Las posibles situaciones de acoso laboral sobre los trabajadores pueden ser puestas en conocimiento de dos instancias: ante la Inspección de trabajo que en su caso exigirá las correspondientes responsabilidades administrativas al empresario por conductas contrarias a la dignidad de sus trabajadores cometidas en su ámbito de organización y dirección y ante la Jurisdicción de lo Social, que reconocerá, en tal caso, el derecho del trabajador a las indemnizaciones correspondientes.

Las actuaciones de comprobación de un presunto acoso laboral que están al alcance de la Inspección de Trabajo –imprescindibles para destruir la presunción de inocencia de que goza como cualquier ciudadano en el marco constitucional, el empresario-, son, como en toda actuación inspectora en general, la constatación directa por el Inspector actuante (no se cuenta con esta vía de prueba cuando se formulase denuncia con fecha posterior a la baja en la empresa), las declaraciones del personal entrevistado y, como única vía en muchos casos, la documentación examinada.

Por su parte, en cuanto a la Jurisdicción a instancia que cuenta con trámites de prueba y contradicción de los que no dispone en numerosos supuestos la Inspección de Trabajo, la Jurisprudencia viene requiriendo cuatro elementos esenciales:

Primer elemento el hostigamiento, persecución o violencia psicológica contra una persona o conjunto de personas.

No hay que confundirlo con una mera situación de tensión en el trabajo o mal clima laboral (malestar generalizado entre el personal).

Tampoco concurre ese elemento por el hecho de que se adopten por parte del empleador determinadas decisiones que vulneren derechos laborales del trabajador.

En efecto, para que concurra este primer elemento, es necesario que la víctima sea objeto de un "conjunto de actuaciones" que configuran, en su conjunto, un panorama de maltrato psíquico o moral, una denigración o vejación del trabajador.

La violencia puede manifestarse de distintas formas, consistiendo básicamente en acciones tendentes a aislar al empleado de su ámbito laboral, privándole de trabajo efectivo o asignándole tareas excesivas o manifiestamente imposibles de realizar, para agobiarlo, desacreditando al trabajador como inútil o incompetente, impidiéndole la comunicación con sus compañeros de trabajo, privándole de los medios de trabajo, deteriorando su entorno físico, como mantenerle en una estancia inadecuada y aislada del resto, etc.

Segundo carácter intenso de la violencia psicológica.

Se viene exigiendo, para determinar la existencia de acoso moral, que la situación de violencia sea "grave".

En caso de que no concurra tal intensidad y la persona resulte afectada, la patología tendría que ver más con la propia personalidad del afectado que con la real hostilidad del entorno laboral.

Tercer elemento: Prolongación en el tiempo.

El Instituto Nacional de Seguridad e Higiene así como diversos autores, cifran este período en seis meses, si bien este plazo ha de ser interpretado de forma flexible, ya que lo importante es la idea de continuidad en la violencia, ordenada a un fin determinado: la destrucción psicológica o moral trabajador.

Cuarto elemento: Que tenga como finalidad dañar psíquica o moralmente al trabajador, para marginarlo de su entorno laboral.

Existe un quinto elemento, respecto de cuya exigencia a la hora de construir el concepto de acoso discrepan tanto los autores como la Jurisprudencia. Dicho elemento se refiere a si es exigible o no que se produzcan daños psíquicos en el trabajador afectado, circunstancia que concurre en la mayoría de los supuestos examinados por las sentencias que se han ocupado de la cuestión.

Recursos a las actas de la Inspección de Trabajo y Seguridad Social

Como todo procedimiento sancionador, la Inspección de Trabajo emite una propuesta de resolución, contra la que cabe formular las Alegaciones oportunas, como descargo de las imputaciones que se realicen, aportando la prueba que se estime oportuna en descargo de las referidas imputaciones.

Posteriormente al escrito de alegaciones, la Inspección de Trabajo, tendrá en cuenta las que estime convenientes y descartará las que considere inapropiadas, dictando la Resolución sancionadora oportuna, resolución contra la que cabe interponer el correspondiente recurso de Alzada ante la Dirección Territorial correspondiente o potestativo de Reposición en el plazo máximo de un mes, o bien interponer ante el Juzgado de lo contencioso-administrativo el recurso judicial correspondiente o bien ante la Jurisdicción Laboral cuando sea procedente.

Gestión de la prevención

Funciones del celador para la institución sanitarias

El Celador suele ser la primera persona con la que contactan enfermos y familiares al llegar a la Institución, éste aspecto es muy importante, ya que de la forma en que se establezca este contacto se puede originar una buena o mala impresión de los mismos. Por esto es tan importante una buena formación de éste personal.

El trabajo de los Celadores es tan necesario que sin el concurso de los mismos se llegaría a paralizar la marcha de la Institución.

Las funciones a realizar por los celadores según la orden de 5 de julio de 1971, del Ministerio de Trabajo, por el que se aprueba el Estatuto de Personal no Sanitario al Servicio de las Instituciones Sanitarias de la Seguridad Social (B.O.E. n° 174 de 22 de julio de 1971) son:

1. Tramitarán o conducirán sin tardanza las comunicaciones verbales, documentos, correspondencia u objetos que les sean confiados por sus superiores, así como habrán de trasladar, en su caso, de unos servicios a otros, los aparatos o mobiliario que se requiera.

2. Harán los servicios de guardia que correspondan dentro de los turnos que se establezcan.

3. Realizarán excepcionalmente aquellas labores de limpieza que se les encomiende cuando su realización por el personal femenino no sea idónea o decorosa en orden a la situación, emplazamiento, dificultad de manejo, peso de los objetos o locales a limpiar.

4. Cuidarán, al igual que el resto del personal de que los enfermos no hagan uso indebido de los enseres y ropas de la Institución, evitando su deterioro o instruyéndoles en el uso y manejo de las persianas, cortinas y útiles de servicio en general.

5. Servirán de ascensoristas cuando se les asigne especialmente ese cometido o las necesidades del servicio lo requieran.

6. Vigilarán las entradas de la Institución, no permitiendo el acceso a sus dependencias más que a las personas autorizadas para ello.

7. Tendrán a su cargo la vigilancia nocturna, tanto del interior como exterior del edificio, del que cuidarán estén cerradas las puertas de servicios complementarios.

8. Velarán continuamente por conseguir el mayor orden y silencio posible en todas las dependencias de la Institución.

9. Darán cuenta a sus inmediatos superiores de los desperfectos o anomalías que encontraren en la limpieza y conservación del edificio y material.

10. Vigilarán el acceso y estancias de los familiares y visitantes en las habitaciones de los enfermos, no permitiendo la entrada más que a las personas autorizadas, cuidando no introduzcan en las
Instituciones más que aquellos paquetes expresamente autorizados por la Dirección.

11. Vigilarán, asimismo, el comportamiento de los enfermos y visitantes en las habitaciones evitando que esos últimos fumen en las habitaciones, traigan alimentos o se sienten en las camas y en general, toda aquella acción que perjudique al propio enfermo o al orden de la Institución. Cuidarán que los visitantes no deambulen por los pasillos y dependencias más que lo necesario para llegar al lugar donde concretamente se dirijan.

12. Tendrán a su cargo el traslado de los enfermos, tanto dentro de la Institución como en el servicio de ambulancias.

13. Ayudarán, asimismo, a las enfermeras y ayudantes de planta al movimiento y traslado de los enfermos encamados que requieran un trato especial en razón a sus dolencias para hacerles las camas.

14. Excepcionalmente, lavarán y asearán a los enfermos masculinos encamados o que no puedan realizarlo por sí mismos, atendiendo a las indicaciones de las supervisoras de planta o servicio o personas que las sustituyan legalmente en sus ausencias.

15. En caso de ausencia del peluquero o por urgencia en el tratamiento, rasurarán a los enfermos masculinos que vayan a ser sometidos a intervenciones quirúrgicas en aquellas zonas de su cuerpo que lo requiera.

16. En los quirófanos auxiliarán en todas aquellas labores propias del celador, destinado en estos servicios, así como en las que les sean ordenadas por los médicos, supervisoras o enfermeras.

17. Bañarán a los enfermos masculinos cuando no puedan hacerla por sí mismos, siempre de acuerdo con las instrucciones que reciban de las supervisoras de plantas o servicios o personas que las sustituyan.

18. Cuando por circunstancias especiales concurrentes en el enfermo no pueda éste ser movido sólo por la enfermera o ayudante de planta, ayudará en la colocación y retirada de las cuñas para la recogida de excretas de dichos enfermos.

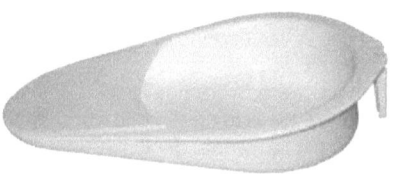

19. Ayudarán a las enfermeras o personas encargadas a amortajar a los enfermos fallecidos, corriendo a su cargo el traslado de los cadáveres al mortuorio.

20. Ayudarán a la práctica de autopsias en aquellas funciones auxiliares que no requieran por su parte hacer uso de instrumental alguno sobre el cadáver. Limpiarán la mesa de autopsias y la propia sala.

21. Tendrán a su cargo los animales utilizados en los quirófanos experimentales y laboratorios, a quienes cuidarán, alimentándolos, manteniendo limpias las jaulas y aseándoles, tanto antes de ser sometidos a las pruebas experimentales como después de aquéllas y siempre bajo las

indicaciones que reciban de los médicos, supervisoras o enfermeras que les sustituyan en sus ausencias.

22. Se abstendrán de hacer comentarios con los familiares y visitantes de los enfermeros sobre diagnósticos, exploraciones y tratamientos que se estén realizando a los mismos, y mucho menos informar sobre los pronósticos de su enfermedad, debiendo siempre orientar las consultas hacia el médico encargado de la asistencia del enfermo.

23. También serán misiones del celador todas aquellas funciones similares a las anteriores que les sean encomendadas por sus superiores y que no hayan quedado específicamente reseñadas.

Funciones como personal en su puesto de trabajo

Con frecuencia los Celadores realizan tareas específicas según el puesto de trabajo que se les asigna.

Las más significativas son:

1- Celador de Puerta: La misión de este puesto de trabajo es sumamente delicada por ser el primer contacto que se tiene con el Hospital. Se requiere 'facilidad de palabra, extroversión, paciencia, amabilidad y comprensión para atender y contestar las preguntas que puedan formularle Y estén dentro de su competencia. Informa de las consultas externas, indicando lugar, día y hora de las mismas.

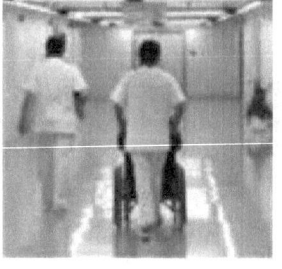

Controla la entrada de toda persona ajena a la Institución, prohibiendo el paso aquellas que no vayan provistas del correspondiente justificante. Prohíbe la entrada a toda persona que presente muestras de suciedad, promueva alboroto o vaya embriagada y a los que lleven comida o bebida obligándolos a dejar ésta en la portería. Vigila la salida de los enfermos, quienes deberán acreditar su autorización para abandonarla.

2- Celador de Urgencias: Este puesto concreto requiere dinamismo, humanismo, paciencia y espíritu de equipo. Su misión consiste en trasladar al enfermo a la consulta del médico de guardia en camilla o silla de ruedas (según el estado del enfermo), colocarlo en la mesa de reconocimiento con la ayuda del personal Auxiliar Sanitario, salir fuera mientras se procede la exploración y esperar la llamada del médico para trasladarlo donde sea destinado por la unidad administrativa de admisión de enfermos.

Hace entrega del enfermo al Celador de Planta y vuelve a su sitio inicial de Urgencias.

3- Celador de Planta: En éste puesto se requieren las mismas aptitudes que en el de Celador de urgencias, pero las funciones son mucho más variadas, ya que, el trabajo en planta, así lo requiere:

- Se hace cargo de los enfermos que llegan a la planta.

- Dirige al enfermo a la habitación designada ayudando a encamarlo al personal auxiliar sanitario llevando el carro o camilla a su procedencia.

- Traslada a los enfermos en la cama al servicio designado por el médico. - Ayuda a lavar a los enfermos masculinos.

- Afeita a los enfermos en aquellas zonas en las que se va a intervenir, en caso de ausencia de peluquero.

- Coloca y quita "cuñas", ayudando a la enfermera cuando, por circunstancias, no pueda hacerla sola.

- Atiende las órdenes del médico o enfermera respecto a la distribución de la "farmacia pesada".

- Traslada aparatos y material.

- Retira de los almacenes el material 'de la planta que haya sido autorizado, así como entrega el de desecho

- Conserva y vigila el material y enseres de la institución.

- Impide que los enfermos y acompañantes hagan mal uso del material.

- Controla la entrada y salida de visitantes en planta.

- Enseña, si es necesario, a usar bien los ascensores.

- Invita a abandonar la institución a todos aquellos visitantes que no justifiquen su permanencia en las mismas con educación y buenas formas.

- Lleva informes verbales o escritos a los servicios que le sean ordenados procurando hacerla con diligencia y rapidez.

- Transporta y coloca la botella del oxígeno a la cabecera del enfermo.

- Ayudará a las enfermeras a amortajar a los fallecidos vistiéndolos con una sábana antes de trasladarlos al mortuorio. El cadáver debe ser retirado con discreción en una camilla procurando que los demás pacientes no se enteren de la muerte.

- Dará cuenta por escrito a sus superiores de cualquier anomalía en la conservación del edificio o material.

4- Celador de Quirófanos: Aparte de las misiones comunes con el Celador de Planta, la función del Celador de Quirófanos es la de introducir y sacar a los enfermos para intervenciones quirúrgicas, colocándolos y retirándolos de la mesa de operaciones con la ayuda del personal Auxiliar Sanitario.

En caso de llegar al Hospital un enfermo grave por accidente que precise de inmediato intervención quirúrgica y su estado de limpieza no sea adecuado, ayudará al lavado y preparación del mismo, procurando, al igual que con los enfermos cardíacos el moverlo lo menos posible. El Celador de

Quirófano deberá llevar un uniforme aséptico, con mascarilla y gorro y durante la intervención permanecerá en el ante quirófano precisaran sus servicios.

5- Celador en la UVI (Unidad de Vigilancia Intensiva): Los Celadores destinados en esta Unidad, deben estar muy bien preparados en el movimiento de los enfermos, ya que su movilidad no puede hacerse bruscamente. Deben permanecer uniformados como los celadores de quirófano cuando entren a la Unidad.

6- Celador de Rehabilitación: Hace el trabajo de planta ayudando al movimiento de los enfermos en los ejercicios de rehabilitación, ayudando a los Fisioterapeutas. Se requieren para este puesto condiciones físicas suficientes dado el esfuerzo a realizar.

7- Celador de Necropsias: Trasladará los cadáveres al mortuorio y en caso de precisar autopsia, colocará el cuerpo en la mesa donde hayan de practicársela. Ayudará en la misma en todo aquello que no requiera hacer uso de instrumental sobre el cadáver y lo aseará, cuidando el aspecto externo del difunto colocándolo en el mortuorio de tal forma que parezca dormido, siendo de su competencia la limpieza de la mesa, sala e instrumental empleado. Tendrá también a su cargo la limpieza, cuidado y alimentación de los animales experimentales que se utilicen en los laboratorios. Aparte de estas misiones específicas, tendrá las generales de todo Celador, tales como traslado de documentos, materiales, vigilancia, etc.

8- Celador de Ambulancia: En el Servicio de Urgencias y en las Ambulancias, debe ir un celador, cuya misión será el bajar en camilla o silla a los enfermos desde el piso a la ambulancia. Durante el transporte debe ir junto al enfermo en el asiento que existe en toda ambulancia y avisar al personal Técnico Titulado de cualquier anomalía que observe en el paciente.

9- Celador de Ambulatorio: Las funciones de los Celadores en Ambulatorios son similares a las que desarrollan los Celadores de Puertas en un Hospital. Cuidan el orden, informan al público sobre lugar, día y hora de las consultas, trasladan enfermos, materiales...

10- Celador Vigilante: Tiene por misión la vigilancia nocturna interior y exterior del edificio, cuidando queden bien cerradas las puertas de servicios complementarios, cuida de los aparcamientos, se encarga de las luces, tanto interiores como exteriores y da parte por escrito a sus superiores de cualquier anomalía que observe.

11- Celador de Lavandería: Carga, descarga y pesa la ropa procedente de los Centros, clasifica la misma para su lavado en las "calandras " o bombos, llena los "conectad ores" de ropa limpia y ayuda a la carga en los camiones para su transporte.

12- Celador Almacenero: Es el celador destinado en los almacenes para carga, descarga, colocación y entrega de los productos o materiales que le sean solicitados mediante vale autorizado por la superioridad. Cuidará del orden el almacén y dará cuenta diariamente de las entradas y salidas que se produzcan.

13- Celador en dependencias administrativas: Su función consiste primordialmente en el traslado de documentación y correspondencia de unas unidades a otras con la mayor diligencia, siendo también de su competencia las salidas al exterior de la institución con dicha finalidad.

14- Celador Encargado de Turno: Para ayudar y sustituir al Jefe de Personal celador en su labor, en cada turno de trabajo existe un Celador encargado de turno designado por el Director a propuesta del

Administrador a quien competen las mismas funciones que ha dicho Jefe de Personal por delegación del mismo.

Como puesto de mando intermedio, le deben respeto y obediencia el resto de los Celadores. Todos los puestos de trabajo descritos son cubiertos por los Celadores que designe el Administrador de entre los de plantilla de la Institución, no adquiriendo preferencia alguna la antigüedad sino las cualidades más idóneas de las personas, pudiendo ser móviles en cualquier momento o circunstancia determinadas sin derecho a reclamación alguna.

Funciones del jefe de personal

Le corresponde la ejecución de las siguientes misiones, sin perjuicio de las que independientemente puedan confiársele por el Director Gerente y el Director de Gestión y Servicios Generales de la

Institución.

a) Ejercerá por delegación del Director de Gestión y Servicios Generales, la jefatura del personal de Celadores y ordenará y dirigirá el cumplimiento de su cometido.

b) Instruirá convenientemente al personal a sus órdenes para que la realización de su trabajo sea eficaz y de calidad.

c) Constatará que el personal de oficio y subalterno cumple el horario establecido en la Institución y permanece constantemente en su puesto de trabajo.

d) Vigilará personalmente la limpieza de la Institución.

e) Ejercerá el debido y discreto control de paquetes y bultos de que sean portadoras las personas ajenas a la Institución que tengan acceso a la misma.

f) Mantendrá el régimen establecido por la Dirección para el acceso de enfermos, visitantes y personal a las distintas dependencias de la Institución.

g) Cuidará del orden en el edificio, dando cuenta al Director de Gestión y Servicios Generales de los desperfectos o alteraciones que encuentre.

h) Cuidará de la compostura y aseo del personal a sus órdenes, revisando y exigiendo que vistan el uniforme reglamentario.

i) Informará a los familiares de los fallecidos en la Institución sobre los trámites precisos para llevar a cabo los enterramientos y, en caso necesario, les pondrá en contacto con la oficina administrativa correspondiente para completar dicha información.

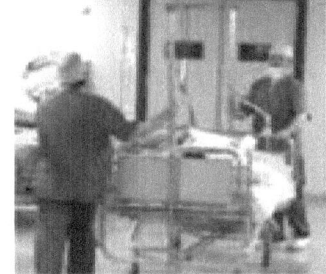

j) Realizará aquellas funciones de entidades análogas a las expuestas que les sean ordenadas por el

Director Gerente o del Director de Gestión y Servicios Generales de la Institución.

Servicio de información y vigilancia

La orientación en información que debe facilitar el celador a los usuarios se enmarca dentro del derecho

"a la información sobre los servicios sanitarios a que puede acceder y sobre los requisitos necesarios para su uso" que reconoce el Art. 10.2 de la ley general de sanidad a los usuarios de las administraciones públicas sanitarias .El Art. 14.2 del E.P.N.S establece como primera función de los celadores las siguientes: "tramitaran o conducirán sin tardanza las comunicaciones verbales que le sean confiadas por sus superiores".

Ello implica que los celadores han de transmitir a sus superiores, subordinados, compañeros o publico las comunicaciones verbales (instrucciones, mensajes, avisos...) que les indiquen sus superiores o profesionales autorizados, por delegación de estos. En consecuencia, los celadores tienen atribuida, entre otras, la función de transmitir información al público: la información que "le haya sido confiada por sus superiores o profesionales autorizados"

El enfermo y sus familiares han de ser tratados con amabilidad y corrección, prestándole la máxima atención de tal manera que crea que sólo nos interesan sus problemas, por tanto hay que ser pacientes, saber escuchar, tener cuidado de no herir su susceptibilidad ni sus sentimientos. No nos creamos superiores y les demostremos esa especie de despotismo que a veces se nota a través de nuestras conversaciones poco amables, y tengamos siempre presente que la Seguridad Social fue creada para los trabajadores y sus familiares, que a ellos nos debemos y que hay que tratarlos en todo momento con la máxima corrección y deferencia.

En consecuencia, respecto a la información, los celadores transmitirán aquella información que les haya sido expresamente encomendada, por quien tenga autoridad para hacerlo, y nunca será referida a aspectos de contenido clínico asistencial de los pacientes

Respecto a la orientación, el celador remitirá al usuario al servicio o unidad por la que pregunte y, en caso de duda, al servicio de atención al paciente. Los datos que constituyan el contenido de la orientación serán transmitidos de forma comprensible y amable

Algunas de las tareas de los celadores relativas al área de actividad y orientación de los pacientes y familiares son:

- Avisar a los acompañantes de los familiares asistidos en urgencias que pasen a las dependencias en la que van a ser informados de la asistencia y evolución del paciente, por parte del personal sanitario del S.A.P

- Llamar a los familiares de los enfermos intervenidos para que el médico les informe del desarrollo de la intervención

- Avisar a los familiares del paciente que va a ingresar en planta para que (al menos uno) le acompañe.

- El Art. 14.1 del EPNS establece entre las funciones del jefe de personal subalterno que: "informara a los familiares de los fallecidos y en la institución sobre los tramites precisos para llevar a cabo los enterramientos y, en caso necesario, les remitirá al servicio de Atención al Paciente.

Dentro de las relaciones con el público está la faceta de la información, que entraña una máxima atención por parte del personal informador ya que de ella se puede derivar la pérdida de un derecho o la demora en una asistencia sanitaria.

La información al público debe ser clara, completa, amable, sencilla para poder ser entendida por cualquier persona.

Por otra parte, el Celador, dada su movilidad en las Instituciones, puede llegar a enterarse del estado de un paciente, del diagnóstico, de una posible intervención, etc. Por ello está obligado a guardar silencio acerca de todo lo que conozca a causa del ejercicio de su profesión, ante los enfermos, familiares, visitantes compañeros e incluso personas ajenas a su trabajo. Callará incluso las cosas que crea que no tienen importancia.

Si es interrogado por la familia no deberá dar ninguna información sobre el estado del enfermo, sino dirigirla amablemente hacia el personal facultativo que es el único autorizado para dar explicaciones en estos casos.

En resumen, la atención al enfermo y a los familiares se concreta en las siguientes funciones:

a) Orientación al usuario durante su estancia en el Centro Sanitario, referida tanto al propio Centro:

· Ubicación de los Servicios y Unidades del Centro.

· Horario de los distintos servicios.

· Información a los pacientes sobre las horas de visita y consulta para la información médica.

· Como de servicios ajenos al Centro:

· Medios de transporte.

· Hospedería para familiares.

b) Atención personalizada a familiares:

· Disminuir la preocupación de los familiares.

· Información a los familiares sobre la planta o Servicio en el que se encuentra el paciente, incidencias, tiempos de espera, traslados, etc.

· Localización de familiares por el servicio de megafonía para traslado de avisos, información o llamadas telefónicas del exterior.

• Canalizar las quejas, reclamaciones y sugerencias de los usuarios.

Recordemos siempre que el celador, no ofrece información con respecto al estado del enfermo, esa labor corresponde al personal facultativo.

Los celadores tienen encomendadas también FUNCIONES DE VIGILANCIA tanto en el acceso y estancia de familiares y visitantes como en el acceso a las entradas de la institución de la que le dice que debe comprobar si están cerradas las puertas de los servicios complementarios.

Dentro de la apertura y cierre de instalaciones hay que distinguir si se tratan de instalaciones en el ámbito de la atención primaria (centros de salud), o bien de la atención especializada (hospitales)

Relaciones con el enfermo y sus familiares

El Celador debe tener siempre en cuenta que no hay dos personas iguales en el mundo e intentar comprender a quién está tratando. Esta actitud del Celador hacia las personas es de suma importancia, pues para el público ese empleado representa a la Institución misma y el concepto que tenga de él, es el que tendrá de la propia Institución.

Por la peculiaridad del trabajo del Celador, debe tener en cuenta que en determinados momentos llega a ser alguien vital para quien le consulta o necesita, y sea éste familiar o paciente, por lo tanto debe tener muy en cuenta el efecto de sus actos hacia dichas personas.

En las Instituciones Sanitarias, nuestro trato directo con el asegurado, tiene que extremarse al máximo, procurando por todos los medios humanizar estas relaciones entre el empleado y el público. Debemos intentar desterrar esa sensación de que las personas son un número en ciertas instituciones. Hay que tener siempre claro que necesitan comprensión, amabilidad, corrección y atención.

Además, el Celador siempre debe tener muy presente que va a tratar en muchos casos a personas que sufren y que por lo tanto su comportamiento delante de ellos o sus familiares ha de ser siempre muy humano y delicado.

El enfermo, casi siempre, se encuentra deprimido por los problemas que la enfermedad le acarrea a él y a su familia, y además para ésta es un momento muy difícil, las preocupaciones por su estado de salud, por quién va a ocuparse de él, etc. ... son muy grandes. Todo esto hace que en éstas circunstancias el enfermo y los familiares se hacen mucho más susceptibles y detectan con mayor facilidad los pequeños detalles; un simple despiste por parte del Celador al entrar en el Hospital es suficiente para crear un estado de desánimo.

El enfermo ha de ser tratado con amabilidad y corrección, prestándole la máxima atención de tal forma que crea que sólo nos interesan sus problemas, por tanto hay que ser pacientes, saber escuchar, tener cuidado de no herir su sensibilidad ni sus sentimientos. En ningún momento nos debemos creer superiores y no debemos demostrar ese despotismo que a veces se nota a través de conversaciones poco amables; dando la impresión que quién manda es el personal del hospital y que los enfermos y familiares son simples números que están ahí, pero que podría haber otros tranquilamente.

Dentro de las relaciones con familiares y pacientes está la faceta de la información, que es importantísima ya que con una mala o insuficiente información se puede producir fácilmente la pérdida de un derecho, o la demora en una asistencia sanitaria.

La información al público debe ser siempre clara, completa, amable y sencilla para poder ser entendida por cualquier persona. Los trámites administrativos, la burocracia y el papeleo son los problemas que más detestan los usuarios; por ello debemos poner nuestra mejor voluntad en aquellas cosas más difíciles de entender para evitar roces y suspicacias con los mismos.

Es importantísimo en éste apartado sobre ética profesional nombrar la importancia que tiene el secreto profesional en la profesión del Celador. El Celador está obligado a guardar silencio acerca de todo lo que conozca a causa del ejercicio de su profesión, ante los enfermos, familiares,

Visitantes, compañeros e incluso personas ajenas a su trabajo. Se deben callar hasta las cosas que creemos que no tienen importancia.

Si es interrogado por la familia no deberá dar ninguna información sobre el estado del enfermo.

Debe dirigirla amablemente hacia el personal facultativo que es el único autorizado para dar explicaciones en estos casos.

En resumen, la atención al enfermo y a los familiares se concreta en las siguientes funciones:

- Orientación al usuario durante su estancia en el Centro Sanitario, referida tanto al propio Centro como de servicios ajenos del Centro:

• Ubicación de los Servicios y Unidades del Centro. Horario de los distintos servicios.

• Información a los pacientes sobre las horas de visita y consulta para la información médica.

• Medios de transporte.

• Hospedería para familiares.

- Procurar una mayor colaboración el personal que trabaja a su servicio.

- Atención persona/izada a familiares:

• Disminuir la preocupación de los familiares.

• Información a los familiares sobre la planta o Servicio en el que se encuentra el paciente, incidencias, tiempos de espera, traslados, etc.

• Localización de familiares por el servicio de megafonía para traslado de avisos, información o llamadas telefónicas del exterior.

- Canalizar las quejas, reclamaciones y sugerencias de los usuarios.

Actuación del celador con los enfermos

Además de las mencionadas en el apartado de funciones específicas del celador, comentamos por separado funciones que el Estatuto de Personal no Sanitario atribuye en relación al quirófano:

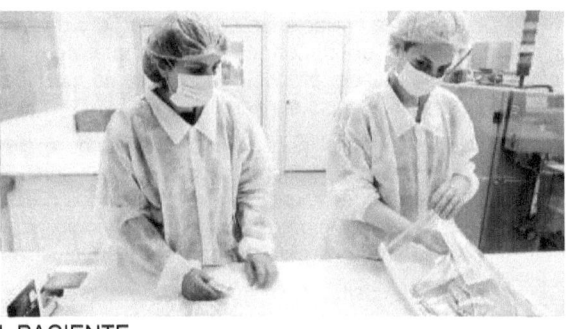

RASURADO DEL PACIENTE

La enfermera informará al celador la zona y extensión que es necesario eliminar el pelo de la zona de incisión, haciendo la operación en una zona bien "iluminada y que respete la intimidad del paciente.

Se utilizan las maquinillas de afeitar con recambios desechables.

- Cubrir al paciente correctamente dejando expuesta solo la zona que se vaya a preparar.

- Se colocará una toalla bajo el área, se empapará bien la piel con una solución jabonosa.

- Se estirará la piel manteniendo la maquinilla a un ángulo de 45° y se realizará el afeitado en la dirección del crecimiento del pelo.

- La maquinilla debe aclararse con frecuencia.

- Se eliminarán los restos de pelo de la piel con una esponja.

- Repetir los pasos hasta que la zona esté correctamente afeitada.

TRASLADO DEL ENFERMO AL QUIRÓFANO

- Se realiza en la cama, o en una camilla adjuntando la historia clínica.

- Lo recibirá la enfermera de quirófano, que se hará cargo de él a partir de ese

Momento.

- Se trasladará a la cama del quirófano y se procederá a realizar la cama quirúrgica, y el resto de preparativos para la recuperación postoperatoria.

- Los familiares permanecerán en la entrada del área.

OTRAS FUNCIONES DEL CELADOR EN RELACIÓN CON EL QUIRÓFANO

- Colaborar con las enfermeras y el anestesista en la posición del enfermo antes de la intervención.

- Trasladar al quirófano todos los aparatos, e instrumentos que se necesiten.

- Vigilarán la entrada a las zonas limitadas y limitadas de las personas que no lleven la correcta vestimenta.

- Facilitarán el traslado de muestras de laboratorio.

- Ajustarán la iluminación del quirófano.

- Estabilizarán y elevarán la cama quirúrgica.

- Trasladarán al enfermo operado a la sala de recuperación.

Higiene del paciente

Principios básicos a tener en cuenta

- Lavarse las manos antes de coger la ropa de cama.

- Utilizar guantes.

- La ropa de cama no debe tocar el suelo.

- Al doblar y desdoblar la ropa alejarse del uniforme de la auxiliar.

- Como mínimo debe cambiarse una vez al día.

- Cerrar las ventanas, evitando corriente de aire.

- La cama debe hacerse en posición horizontal (si se puede).

Respetar la INTIMIDAD del paciente.

- Hablar con el paciente durante el procedimiento, indicándole lo que le va a hacer.

- Valorar continuamente algún signo de incomodidad o malestar.

- Escuchar al paciente estimulándole a comunicarse.

- Enseñarle a movilizarse y a utilizar aquellos aditamentos que le permitan colaborar (Ej.

- Trapecio).

- Realizar técnica correcta a la hora de movilizar sondas, goteras, etc.

Técnicas:

• Trabajar de forma rápida (no brusca)

• Mantener alineación corporal adecuada y cómoda

• Si es posible mantener la cama en posición horizontal

Pasos:

Soltar puntos de sujeción de la ropa.

Retirar colcha y mantas.

Proteger con la sábana de arriba. Preservar intimidad, mantener calor.

Lateralización del paciente.

Quitar ropa de abajo, del lado opuesto. Doblarla al centro contra la espalda del paciente.

Colocar ropa limpia, en esta unidad libre. Doblarle en abanico en el centro. Bien fijado.

Esquinas en forma de mitra.

Se gira al paciente aliado limpia.

Se completa el otro lado de la misma manera. Tirar fuertemente de las sábanas, que no queden arrugadas.

El paciente se gira a decúbito supino. Cambiar sábanas de arriba sujetando la nuca al mismo tiempo.

Se fija a los pies en forma de mitra, que no oprima los pies.

Se coloca manta y colcha de la misma forma. Dejan embozo estéticamente amplio.

Poner la funda a la almohada y colocarla.

Ayudar al paciente a adoptar la postura más cómoda:

- Manteniendo el eje del cuerpo.

- Atendiendo a los cambios de posición.

- Protegiendo las prominencias óseas y zonas de roce.

Baño e higiene a un adulto en la cama

Material:

Dos toallas, una para cara y otra para cuerpo.

Jabón neutro.

Loción o alcohol.

Palangana/s.

Manoplas desechables.

Artículos de aseo: colonia, peine, cepillo, crema y material de afeitado.

Procedimiento:

Explicar al enfermo lo que se le va a hacer.

Cerrar ventana, para que no haya corrientes.

Proporcionar intimidad durante la actuación.

Ofrecer al enfermo la cuña o botella.

Lavarse las manos y ponerse guantes

Colocar cama en posición horizontal si se puede

Quitar colcha y mantas y dejar sábanas de arriba

Quitar pijama o camisón del paciente

La Secuencia que se sigue en el baño es:

- Cara: Ojos, Boca, Nariz, Resto, Oídos, Cuello, Nuca

- Brazos, manos axilas

- Tórax y abdomen

- Piernas y pies

- Perineo

- Espalda

- Región anal

Lavar los ojos solo con agua y secarlos bien

Preguntar si desea jabón en la cara y la temperatura del agua

Llenar palangana con agua a la temperatura de 37º y solución jabonosa.

Cambiar agua tan frecuentemente, como sea necesario, (según temperatura y superficie a lavar).

Lavar la cara en el orden anterior. Aclarar y secar.

Lavar y secar brazos empleando fricciones largas, desde áreas distales a las proximales.

Poner manos en palangana. Lavarlas y secarlas. Especial atención a los espacios interdigitales.

Lavar y secar tórax y abdomen, especial atención a pliegue bajo las mamas. Cuando esté bien seco volver a tapar con la sábana.

A continuación piernas y pies: igual técnica que brazos.

Luego periné: Dirección de arriba abajo.

Poner al paciente en decúbito lateral o decúbito prono: Lavar y secar espalda y glúteos.

Dar un ligero masaje y golpes en la espalda con alcohol para activar la circulación.

Lavar y secar la zona del ano

Poner crema hidratante

Poner pijama limpio. Si lleva gotero meter primero la botella por la manga donde se encuentra.

Aseo del pelo, boca, uñas y afeitado

Hacer la cama. Colocar timbre y otros objetos que utilice de manera que pueda alcanzar fácilmente.

Costes y beneficios

Por la actividad laboral se pueden producir accidentes o enfermedades que causan un daño o sacrificio humano y material. Desde lo económico, el daño o sacrificio puede incurrir en un coste, por eso la prevención de riesgos laborales tiene un programa para reducir estos costes.

En general los costes y beneficios serán principalmente en el ámbito empresarial.

Primero se presentaran los costes y beneficios de la empresa, luego se plantean las estrategias y conductas que desarrollan las empresas y por último se valora la capacidad de los poderes públicos para promover los comportamientos preventivos. Hay que tener en cuenta la eficiencia como criterio y la evaluación económica de la prevención para el análisis de las conductas de riesgo y preventivas en la empresa.

Análisis del coste y beneficio

Sus objetivos económicos y extraeconómicos y la evaluación deben realizarse en relación con cada uno de ellos. Es muy importante evaluar las intervenciones preventivas económicas porque los recursos humanos y materiales son muy escasos, por eso las decisiones de asignación y empleo debemos de hacerlo de acuerdo con el criterio de eficiencia, así los beneficios son mayores y menos costosos, si hay otra alternativa en la que de menos gastos y más beneficios nos recomendarían cambiar el criterio. Para determinar su viabilidad la evolución será de intervención preventiva para estimar sus efectos económicos de un accidente o fallo.

La evolución económica consiste en examinar si los beneficios o ganancias son mayores que los costes.

Debemos diferenciar el tipo de evaluación según el sujeto que carga con los costes y percibe los beneficios de los ingresos y gastos para determinar su rentabilidad financiera, mientras que en la evaluación social se contemplan todos los costes y lo beneficios en el programa, con independencia de si se han imputado al trabajador a la empresa o a otra entidad.

Una vez que hemos elegido la metodología coste-beneficio para evaluar un proyecto de prevención de riesgos laborales, tenemos que dar los siguientes pasos:

· Identificación y valoración monetaria de costes y beneficios

· Distribución temporal de los costes y los beneficios y elección de la tasa de actuación

· Elección del criterio de evaluación

El problema es delimitar las causas del problema con objetivos y medidas correctoras, los objetivos es la evaluación económica de los beneficios y las medidas correctoras los costes.

1. Costes de la prevención directos:

· Campaña de información

· Cursos impartidos

· Costes derivados de la asistencia a los cursos de los trabajadores durante la jornada laboral

· Material ergonómico, etc., o nuevas inversiones para cambios de equipo

· Costes de los cambios organizados del programa preventivo

2. Beneficios, reducción de los costes de la no prevención

· Disminución de los días de baja

· Ahorro en costes de atenciones médicas e indemnizaciones por accidente

· Disminución de los días de bajos rendimientos previos y posteriores a la baja

· Disminución de los daños a equipos y materiales

1. Costes de la prevención indirectos

· Servicio de prevención que analiza, evalúa y desarrolla el programa

· Recursos Humanos

· Materiales

· Organización

2. Beneficios reducción de los costes de la no prevención

· Reducción de la pérdida de tiempo de los compañeros y directivos que hacen frente al accidente

· Reducción del coste de la investigación del accidente

· Reducción del coste de suplir o sustituir el ausente

· Mejora de la satisfacción del trabajo

· Reducción de las conductas de riesgo

· Evitar la pérdida de la imagen de la empresa

El sujeto que carga con los costes de la prevención es el que implanta y desarrolla las medidas correctoras y los beneficios serán distintos para el trabajador y su familia, las empresas o la sociedad. Para evaluar los costes y beneficios necesitamos que el sujeto que carga con los costes y percibe los beneficios, determinando las traslaciones de costes derivadas de las transferencias entre sujetos.

En una empresa que no dispone de medidas preventivas y se produce un accidente o enfermedad debe ser imputado como costes de siniestros.

Si una empresa no tiene medidas preventivas y se produce un accidente o enfermedad, deben de ser imputados todos los daños, si los daños vuelven a caer sobre el individuo, la empresa esta externalizando un coste derivado de la no prevención, y no haría más que seguir un principio motivado de la economía convencional.

Los accidentes de trabajo y las enfermedades profesionales implican, en lo que se refiere al trabajador, dolor, a veces pérdida de trabajo, atención sanitaria o incluso disminución de los ingresos económicos. Respecto a las empresas supone unos costes como consecuencia de acciones encaminadas a evitarlas, pero también hay unos costes derivados de los daños ocasionados tanto al trabajador como para la empresa. Para la sociedad también el coste es muy elevado.

Para los trabajadores que sufren el daño (accidentados o enfermos) se tiene el sufrimiento físico y psíquico, la pérdida de la capacidad de trabajo, efectos sobre la familia afectada y disminución de ingresos económicos.

Para las empresas supone unos costes humanos y económicos. El coste humano está formado por las pérdidas de recursos económicos que se producen cuando los trabajadores son apartados de su actividad por los accidentes de trabajo y las enfermedades profesionales (experiencia, formación, etc.). Los costes económicos derivan de la disminución de beneficios económicos. Estos costes se calculan en base al coste de la acción preventiva y de los daños. Dentro de los costes, se pueden considerar algunos asegurables y otros no asegurables:

- Costes asegurables: El conjunto de las primas que abonan las empresas a las Mutuas.

- Costes no asegurables o indirectos: El coste del tiempo perdido por el accidente (accidentado y las personas que lo auxilian), el coste de los primeros auxilios y la primera atención médica, de los daños del patrimonio, de avería en las instalaciones, pérdida del producto con el que se está trabajando, de cantidades complementarias a las que abonan las mutuas, costes derivados de los procesos y condenas judiciales, y de las sanciones económicas impuestas por la autoridad laboral.

Ya que llegó a la conclusión de que los costes indirectos eran son aproximadamente iguales a cuatro veces los costes directos. En España, el coste total de esta materia es de 2.6 billones de ptas., lo que equivale al 3% del PIB español.

Notificación de los accidentes de trabajo y de las enfermedades profesionales

Tanto los accidentes de trabajo como las enfermedades profesionales tienen unas causas con origen en unos factores de riesgo existentes en el trabajo. Los accidentes de trabajo y las enfermedades profesionales, así como los incidentes son una información necesaria para detectar factores de riesgo y, por lo tanto, es una técnica de prevención de carácter analítica a posteriori. Además se cumple con la técnica de la evaluación de los riesgos por que en ocasiones nos pone de manifiesto la existencia de riesgos que no fueron detectados en la etapa de la evaluación de riesgos.

Notificación de los daños

Es un acta por el que a través de un documento en el que se describe el accidente o enfermedad ocurrido (como, con que, en qué lugar) se da comunicación de ello a la persona interesada dentro y fuera de la empresa. Hay, por tanto, dos tipos de notificaciones: Las de régimen interno y las de comunicación a la autoridad laboral. Ambas tienen un objeto común: Informar que ha ocurrido, como ocurrió, donde se produjo, cuando y quien sufrió el daño.

Las comunicaciones de daños a la autoridad laboral son notificaciones oficiales. El art. 23.3 LPRL establece la obligación del empresario de notificar por escrito a la autoridad laboral de los daños sufridos por los trabajadores a su servicio. En la actualidad, el procedimiento de comunicación está regulado por la OM 16/12/1987. El art. 1 de esta OM establece los modelos oficiales de notificación:

- Parte de accidente de trabajo.
- Relación de accidentes de trabajo ocurridos sin baja médica.
- Relación de altas o fallecimientos de accidentados.

Están obligados a cumplimentar los partes de accidentes de trabajo y relación de accidentes de trabajo ocurridos sin baja médica los empresarios. La relación de altas o fallecimientos debe ser realizada por la entidad gestora, la empresa colaboradora o la Mutua.

El parte de accidente de trabajo se realizará siempre que ocurra un accidente o una recaída que conlleve al menos la ausencia al trabajo de un día sin contar el día del accidente y previa baja médica. Para la relación de altas o fallecimientos, la mutua o entidad gestora recoge todos los partes médicos de alta con información sobre la causa del alta. Los destinatarios son:

Para el caso de accidente de trabajo hay cinco ejemplares destinados: a la empresa, al trabajador, a la autoridad laboral, a la entidad gestora, y a la Dirección General de Informática y Estadística del Ministerio de Trabajo. Para la relación de accidentes de trabajo sin baja, los destinatarios son los mismos que para el accidente de trabajo. Las relaciones de alta o fallecimiento van dirigidas a la Dirección General de Informática y Estadística.

Plazos que tiene la empresa:

- Para el parte de accidente de trabajo se dispone de 5 días hábiles desde el momento en que se produjo el accidente o el día de la baja médica. Para la relación de altas

- Para la relación de accidentes de trabajo sin baja médica se tiene los 5 días hábiles del mes siguiente al que se refieren los datos que se recogen en la relación. Los trabajadores tienen que ser informados siempre, tanto en accidentes con baja como sin ella.

La enfermedad profesional:

La Resolución 6/3/1973 del Ministerio de Trabajo estableció el parte de enfermedad profesional. Las enfermedades profesionales se han de comunicar en el parte de enfermedad profesional citado anteriormente. Está obligado a hacer la comunicación oficial el empresario. Debe hacer esa comunicación siempre que se diagnostique por un médico una enfermedad que aparezca en el cuadro de enfermedades profesionales. Se cumplimenta siempre ese parte ya sea una enfermedad profesional con baja o sin baja médica, e incluso cuando el médico no tiene la certeza pero si indicios de esa enfermedad profesional.

Los destinatarios del parte de enfermedad profesional son: El empresario, el trabajador, la autoridad laboral, y la entidad gestora.

El plazo que tiene el empresario es dentro de los tres días siguientes a aquel en que haya tenido lugar el diagnóstico de la enfermedad.

En los supuestos de accidente de trabajo ocurrido en el centro de trabajo o por desplazamiento en jornada de trabajo que provoque el fallecimiento del trabajador, sea considerado grave o muy grave, o afecte a más de cuatro trabajadores pertenezcan o no a la plantilla de la empresa, el empresario está obligado a comunicarla a la autoridad laboral en el plazo máximo de 24 horas (telegrama, fax, etc.). Además, deberá cumplimentar el parte correspondiente.

La notificación interna:

Al objeto de poder ordenar la investigación por accidentes, procede que la empresa tenga documentación recogida que incorpore datos sobre: trabajador accidentado, descripción del accidente, forma, agente material que la ocasionó y cuantos datos considere oportunos la empresa. Lo lógico es que la notificación sea realizada por el responsable de los trabajadores que han sufrido el accidente y que lo comunique al Departamento de recursos humanos.

Consecuencias para el empresario:

El art. 46 LPRL identifica como infracción administrativa leve la no comunicación de los accidentes de trabajo y como grave la no comunicación de los accidentes graves, muy graves o con fallecimiento.

Registro del accidente de trabajo

El art. 23.1.e LPRL obliga a los empresarios a elaborar una relación de los accidentes de trabajo y enfermedades profesionales que hayan causado al trabajador una incapacidad laboral superior a un día de trabajo. El registro debe contener los mismos datos que la notificación: Los nombres de los trabajadores accidentados, forma del accidente, agente material que provocó el accidente, la naturaleza de la lesión y su ubicación (parte del cuerpo donde se produjo la lesión).

Clasificación de los daños laborales según la forma del siniestro, agente material, causas y naturaleza de la lesión.

Los datos del registro nos van a permitir hacer agrupaciones de los daños en función de la forma de siniestro, del agente material, de las causas y de la naturaleza de la lesión.

Forma del accidente o de la enfermedad

Nos da una idea de cómo se ha producido el siniestro. Está establecido en la OM de 16 de diciembre de 1987, donde se recoge la relación de las distintas formas de accidente. En cuanto a la forma de las enfermedades profesionales, aparecen en el cuadro oficial de enfermedades profesionales. Algunas de las formas de un accidente de trabajo pueden ser:

- Caída de persona a distinto nivel.
- Caída de persona al mismo nivel.
- Caída de objetos por desplome.
- Caída de objetos por manipulación.
- Caída de objetos por desprendimientos.
- Choque contra objetos móviles, etc.

- El agente material de los daños laborales es aquel factor de peligro con el que el trabajador entra en contacto, por ejemplo, máquinas, medios de transporte, aparatos de elevación, recipientes a presión, hornos, materiales explosivos, sustancias químicas, radiaciones, etc.

- Las causas son la relación del conjunto de elementos que han concurrido en la generación de un daño.

- La naturaleza y ubicación de la lesión relacionan, por cada accidente o enfermedad profesional, el tipo de daño que ha causado: fractura, luxación, torcedura, lumbalgia, hernia discal, carcinoma, etc.

Análisis estadístico de los siniestros laborales

Constituye una técnica analítica preventiva a través de la cual se puede obtener una información cuantitativa y cualitativa de los accidentes y enfermedades, así como de las causas, los agentes materiales que los provocan y de las lesiones. Esta información tiene utilidad de cara a la planificación de la acción preventiva al objeto de adoptar medidas preventivas sobre los factores de riesgo puestos de manifiesto en ese análisis estadístico.

Los estudios estadísticos sirven además para extraer conclusiones respecto de la evolución de las condiciones de trabajo de la empresa; incluso hacer estudios comparativos respecto a períodos de tiempo anteriores. Se puede hacer tanto de una empresa, como de un grupo de empresas, como a nivel nacional.

Los índices estadísticos

Son parámetros que expresan, en cifras relativas, las características de la siniestralidad en la empresa, en un grupo de empresas y a nivel nacional. Sirven para poder comparar entre distintos períodos, distintas empresas y distintos territorios al efecto de comprobar la evolución de la siniestralidad y la efectividad de las acciones preventivas. Los índices recomendados por la OIT son:

- Índice de frecuencia
- Índice de gravedad.

- Índice de incidencia.
- Índice de duración media de las bajas.

6.1 El Índice de frecuencia:

Relaciona el número de accidentes con el número de horas trabajadas. Nos indica el número de accidentes por cada millón de horas trabajadas por el colectivo de trabajadores que se tiene en cuenta.

Para calcular este Índice, podemos tomar en consideración los accidentes con baja y sin baja, o bien solo los accidentes con baja. La OIT ha entendido que solo se hace referencia a los accidentes ocurridos en la jornada de trabajo. No se toman en consideración los accidentes in itinere. Para calcular el número de horas reales trabajadas debemos restar las horas perdidas por enfermedad, vacaciones, bajas y otros tipos de permisos. Debemos resaltar el tiempo en el que los trabajadores están expuestos al riesgo. Es el índice más fiable.

Índice de incidencia:

Nos indica el número de accidentes por cada 1000 trabajadores que puedan estar expuestos. Relaciona el número de accidentes en un período dado con el promedio de trabajadores expuestos a riesgo durante ese tiempo. También puede calcularse sobre los accidentes con y sin baja, o solo sobre los accidentes con baja.

NAT: Nº total de accidentes.
NTR: nº de trabajadores.

Índice de gravedad:

Relaciona el número de jornadas perdidas por accidentes de trabajo por cada 1000 horas trabajadas. El número de jornadas de trabajo perdidas a consecuencia de los accidentes se ha de calcular sobre los accidentes con baja.

NJP: número de jornadas perdidas por accidentes de trabajo con baja.
NHT: número real de horas trabajadas.

Los poderes públicos pueden intervenir sobre las estrategias y conductas empresariales, estaría justificada la intervención con las potenciales conductas empresariales para lograr una más eficiente asignación de los recursos corrigiendo estrategias y conductas, desde el punto de vista ético y normativo para que la imputación de costes corresponda con las responsabilidades de su generación. Esto es aceptado por la economía siempre que la mejor solución sea cualquier alternativa de regulación por los sujetos, porque por ejemplo no sea suficiente y simétrica entre las partes o porque los procesos a largo plazo sean difíciles de determinar, circunstancias todas ellas que darían lugar en las transacciones a conductas oportunistas, entre otras, como ya hemos visto.

Los poderes públicos pueden intervenir para prevenir los riesgos laborales y fomentar las conductas preventivas mediante tres tipos de procesos: normas limitadoras de los potenciales factores y conductas de riesgo , medidas económico-administrativas que remiten los costes de la no prevención a la empresa, y si los poderes públicos valoran que, dadas las circunstancias, asumir ciertos costes reduciría el riesgo y mejoraría la eficiencia, intervendrían proporcionando información, incentivos o servicios de apoyo a la prevención en las empresas, es decir los tres procedimientos de intervención pública sobre los comportamientos preventivos de las empresas son la limitación y el control normativo de los riesgos, las medidas para que internalicen costes y la promoción de la prevención.

El artículo 43 establece en su primer epígrafe el derecho a la protección de la salud dentro del ámbito laboral, instando a los poderes públicos a la organización y la tutela de la salud pública mediante, ante todo, de la prevención. Los poderes públicos también tienen como misión la prestación de servicios necesarios para la salud. Además el artículo 43 deja los derechos y deberes de todos los actores del mundo laboral a una ley que los desarrolle.

En el artículo 50 se establece la organización de un sistema de pensiones para los trabajadores, siendo estas adecuadas a las necesidades vitales y periódicamente actualizadas. Este artículo también hace mención expresa a que las pensiones tendrán que cubrir de una manera adecuada las necesidades de la tercera edad. El estado debe promover el bienestar de los trabajadores mediante un sistema de servicios sociales que se haga cargo de las necesidades en las áreas de salud, vivienda, cultura y ocio.

Estos derechos fundamentales expresados en el artículo 43 y 50 CE han generado todo un cuerpo legislativo que nos permite como ciudadanos ejercer los derechos que nos son propios y exigir el respeto de los mismos.

La Directiva marco y la Ley de Prevención de Riesgos Laborales hacen descansar el sistema el sistema de prevención en la existencia de una organización de recursos preventivos en la empresa (empresario, trabajadores designados, servicio de prevención propio) y de los medios necesarios para realizar las actividades preventivas; y, al tiempo, prevén que el empresario podrá recurrir al apoyo o refuerzo de especialistas ajenos a la empresa (servicios de prevención ajenos, auditoras y entidades formativas) cuando sus propios medios, su competencia, resulten insuficientes para ello. En la práctica, casi 3 de cada 4 empresas españolas han optado por un servicio de prevención ajeno.

Por ello, a lo largo del periodo de ejecución de esta Estrategia, y adecuando las características de los recursos propios de las empresas a su realidad, se fomentara un sistema preventivo centrado en la incentivación y el máximo aprovechamiento de los recursos preventivos propios de la empresa y en el que se perfeccione la complementariedad de los recursos ajenos.

Todo ello en un marco que se caracterice por una mayor eficacia y calidad de los servicios prestados por los servicios de prevención ajenos, las auditoras y las entidades formativas.

Para alcanzar este objetivo, se proponen las siguientes líneas de actuación:

2.1. Todas las políticas y la propia normativa de prevención de riesgos laborales potenciarán la disposición de recursos preventivos propios. Para ello, además de las medidas que se recogen específicamente para las PYMES en desarrollo del objetivo 1, se adoptarán las siguientes medidas:

☐☐ Se establecerán bonificaciones en la cotización de accidentes de trabajo y enfermedades profesionales de las empresas que, sin tener obligación legal de constituir un servicio de prevención propio, decidan tener recursos preventivos propios, ligado todo ello a criterios de calidad y resultados.

☐☐ Se establecerán bonificaciones para la contratación de trabajadores designados con formación mínima de nivel intermedio y dedicación efectiva a tareas preventivas (incluidos aquellos designados por la empresa para actuar como interlocutor para relacionarse con el servicio de prevención ajeno) o que formen parte del servicio de prevención propio, ligado todo ello a criterios de calidad y resultados.

☐☐ Para alentar la constitución de un mayor número de servicios de prevención propios en las empresas, se estudiará la posibilidad de que los servicios de prevención propios puedan subcontratar determinados y puntuales medios necesarios para la realización de las actividades preventivas a desarrollar en la empresa, especialmente en los casos en que la dispersión geográfica de algunos centros de trabajo o el elevado coste de algunos medios materiales no favorecen la constitución de servicios de prevención propios.

☐☐ La política de formación favorecerá especialmente la formación de trabajadores para el desempeño de funciones de nivel básico, intermedio o superior en prevención de riesgos laborales en las empresas en las que están ocupados.

2.2. Deben ponerse en marcha igualmente acciones que favorezcan la eficacia y calidad de los servicios de prevención mancomunados, tales como las siguientes:

☐☐ La constitución de un servicio de prevención mancomunado no decidida en el marco de la negociación colectiva deberá ser comunicada con carácter previo a la autoridad laboral, quien podrá formular requerimientos sobre la adecuada dotación de medios humanos y materiales.

☐☐ Las empresas que tengan obligación legal de disponer de servicio de prevención propio no podrán formar parte de servicios de prevención mancomunados constituidos para las empresas de un determinado sector, aunque sí de los constituidos para empresas del mismo grupo.

☐☐ Los criterios de eficacia y calidad exigibles a los servicios de prevención ajenos a que se refiere el epígrafe 2.3 orientarán también los criterios exigibles a los servicios de prevención mancomunados.

☐☐ Para los servicios de prevención mancomunados ya existentes se establecerá un plazo transitorio para el cumplimiento de las obligaciones establecidas en los puntos anteriores.

2.3. La Administración General del Estado y las Administraciones de las Comunidades Autónomas establecerán unos criterios de calidad y eficacia exigibles a los servicios de prevención ajenos, basados en "ratios" de medios humanos y materiales e instalaciones de los que deben disponer en función del número de trabajadores, el tiempo de respuesta para los servicios requeridos, los criterios de calidad del servicio y la peligrosidad de las actividades de las empresas con las que tuvieran suscritos conciertos.

Los criterios serán negociados con los interlocutores sociales y con las entidades representativas de los servicios de prevención ajenos y refrendados por la Comisión Nacional de Seguridad y Salud en el Trabajo.

Esos criterios de calidad serán de aplicación por todas las Comunidades Autónomas para la acreditación o, en su caso, desacreditación de los nuevos servicios de prevención ajenos, así como para la verificación por parte de la Administración del mantenimiento de las condiciones de acreditación en los supuestos de modificación, subrogación, absorción o fusión entre servicios de prevención ajenos. Para los servicios de prevención ajenos ya acreditados en la actualidad se establecerá un plazo transitorio para su cumplimiento.

En estos criterios deberán abordarse también cuestiones que repercuten en la calidad y eficacia del servicio prestado como el número de especialidades o disciplinas preventivas de que deben disponer los servicios de prevención ajenos, el régimen de dedicación del personal que integre cada una de las especialidades, nuevas posibilidades de subcontratar los servicios de otros profesionales o entidades para la realización de actividades que requieran conocimientos especiales o instalaciones complejas o cuál debería ser el contenido mínimo contractualmente exigible de los conciertos entre las empresas y los servicios de prevención ajenos. Igualmente, como regla general, el área geográfica de actuación natural de los servicios de prevención ajenos debería ser exclusivamente el de la Comunidad Autónoma que lo hubiera acreditado. Su actuación en otras Comunidades Autónomas, o a escala nacional, debería llevar aparejada, además de la disposición de medios e instalaciones adicionales, una nueva acreditación, sobre la base de normas competenciales de acreditación diferentes de las actualmente vigentes. En este mismo marco se estudiarán las posibles causas que pudieran determinar la retirada de la acreditación de los servicios de prevención ajenos, así como el procedimiento administrativo necesario al efecto.

Se examinará también la posibilidad de adoptar acuerdos entre servicios de prevención para dar cobertura efectiva a empresas cuyos centros de trabajo no se encuentren, en su totalidad, en el ámbito territorial para el cual se hubiera concedido acreditación al servicio de prevención principal.

De igual manera, se analizarán en este marco las medidas que proceda adoptar para homogeneizar la memoria de actividades que los servicios de prevención ajenos han de presentar a la autoridad laboral competente, estableciendo, en su caso, un conjunto mínimo de datos que deba incluirse en la memoria. Todo ello con el fin de mejorar la calidad de las actividades preventivas desarrolladas y mejorar el sistema de información en materia de seguridad y salud laboral.

Asimismo, se creará en este contexto un sistema de evaluación de la calidad de los servicios de prevención.

2.4. Se seguirá un esquema similar al apuntado en el apartado anterior para favorecer la calidad y la eficacia de las entidades formativas y las auditoras, mediante el establecimiento también de criterios para su acreditación o desacreditación y, en el caso de las entidades formativas, de criterios sobre la calidad de las acciones formativas. Todo ello sin perjuicio de lo señalado en el objetivo 6 relativo a la potenciación de la formación.

En el caso de las empresas auditoras, tales criterios favorecerán que las empresas no obligadas legalmente sometan con carácter voluntario su sistema de prevención al control de una auditoría o evaluación externa, según lo previsto en el artículo 33 bis del Reglamento de los Servicios de Prevención, para permitir la adopción de decisiones dirigidas a su perfeccionamiento y mejora.

2.5. Las Comunidades Autónomas, de acuerdo con sus respectivos planes de acción contra la siniestralidad, podrán suscribir convenios de colaboración con las organizaciones representativas de los servicios de prevención ajenos de manera que éstos contribuyan a la consecución de los objetivos establecidos en los planes autonómicos.

2.6. La Vigilancia de la Salud y, en particular, la especialidad de Medicina del Trabajo deben recibir una atención reforzada, con las siguientes medidas:

□□ Se promoverá la actualización de los criterios básicos sobre los recursos para la actividad sanitaria de los servicios de prevención, tomando en consideración los problemas detectados en el periodo transcurrido desde la aprobación de la Ley de Prevención de Riesgos Laborales.

□□ Se elaborará una guía básica y general de orientación de las actividades de vigilancia de la salud de los trabajadores.

□□ Se establecerá una guía que permita facilitar la valoración de las actuaciones sanitarias de los servicios de prevención y el impulso de su mayor presencia e incardinación en los propios Servicios de Prevención.

□□ Se promoverá e impulsará la formación de la especialidad de medicina del trabajo, dentro del sistema de formación de residencia, de manera que pueda incrementarse el número de especialistas conforme a las necesidades de la prevención de riesgos laborales.

□□ Se promoverá que la especialidad de Medicina del Trabajo sea asumida por la empresa con recursos propios, especialmente en las empresas de más de 500 trabajadores, de acuerdo con las medidas establecidas en el apartado 2.1.

A estos efectos se revisarán las exigencias de los artículos 15 y 19 del Reglamento de los Servicios de Prevención, de manera que puedan autorizarse fórmulas mixtas de organización de los recursos sanitarios, todo ello de acuerdo con el Ministerio de Sanidad y Consumo y dentro de una reflexión profunda sobre la problemática de la subcontratación de actividades y su limitación.

Las Organizaciones Empresariales y Sindicales vienen desarrollando un papel significativo en la mejora de la seguridad y salud en el trabajo, fundamentalmente a través del diálogo social, tanto institucionalizado como por vía de la negociación colectiva y de las diferentes Mesas de diálogo social que han propiciado la suscripción de Acuerdos con contenidos diversos que vienen incidiendo en la consecución de los objetivos de mejora. Por ello, deben ser fortalecidas dichas vías de diálogo social.

Junto a ello, deben buscarse líneas de actuación que favorezcan la implicación de los empresarios y de los trabajadores, y sus representantes, en las actividades preventivas en la empresa, favoreciendo con ello una gestión preventiva integrada.

Estas líneas de actuación deben tener el doble objetivo de, por una parte, promover el cumplimiento de las obligaciones preventivas empresariales y por otra, facilitar el ejercicio efectivo de los derechos de información, consulta y participación de los trabajadores en materia de prevención de riesgos laborales, así como impulsar el cumplimiento de las obligaciones de los mismos en materia de prevención de riesgos laborales y su cooperación con el empresario. El principio inspirador de las líneas de actuación es otorgar el protagonismo al Diálogo Social y a la Negociación Colectiva Sectorial. A través de ellos se llevarán a cabo las siguientes actuaciones:

3.1. Ámbito sectorial.

a) En cada ámbito sectorial estatal, por medio de la negociación colectiva se negociará el establecimiento de un órgano u órganos específicos sectoriales para la promoción de la salud y seguridad en el trabajo de carácter paritario que desarrollarán programas con el objetivo de divulgar e informar de los riesgos profesionales existentes en el sector, así como sobre los derechos y las obligaciones preventivas del empresario y de los trabajadores, y la promoción de actuaciones preventivas.

Los integrantes de estos órganos paritarios deberán tener formación específica sobre el sector y capacidad técnica adecuada en materia preventiva.

Los contenidos concretos de los programas y actuaciones deberán ser determinados de manera expresa y recogidos en el convenio colectivo de aplicación.

b) El ámbito de actuación de estos órganos y programas será el de empresas cuyas plantillas se sitúen entre 6 y 50 trabajadores y carezcan de representación de los trabajadores. Se aplicarán criterios de prioridad tales como tasas de siniestralidad, mayores dificultades para la acción preventiva, u otros criterios objetivos que por acuerdo se estimen convenientes.

Las actividades o tareas a desarrollar no deben interferir en las actuaciones de los servicios de prevención (propia o ajena), ni en las de otras entidades preventivas que presten apoyo a las empresas.

c) La realización de visitas a las empresas será planificada bajo el principio de paridad.

Deberán ser previamente comunicadas por el órgano paritario y aceptado por aquéllas.

La realización de las mismas se efectuará de manera conjunta o por cada una de las partes, a consideración del órgano paritario.

Dichas visitas se llevarán a cabo por personas especializadas con formación específica sobre el sector y capacidad técnica adecuada en materia preventiva, y cuya denominación concreta, bajo fórmulas tales como agentes sectoriales de prevención u otras similares, permita identificarlos como instrumentos para la consecución de los objetivos acordados en los programas o en la negociación colectiva de referencia.

Los resultados e informes sobre dichas actuaciones se trasladarán a la empresa y al órgano específico sectorial correspondiente.

Las actuaciones e informes estarán sometidos al principio de confidencialidad y sigilo establecido en el Artículo 37.3 de la LPRL.

d) La negociación colectiva acordará la vigencia de los programas de actuación que se lleven a cabo. El órgano específico sectorial realizará una evaluación anual para analizar los efectos preventivos de los programas, que someterá a las Organizaciones firmantes del Convenio Colectivo o Acuerdo Sectorial.

3.2. Ámbito territorial.

a) Con carácter subsidiario respecto a lo establecido en el apartado anterior se promoverán en el ámbito territorial Acuerdos análogos entre las Organizaciones

Empresariales y Sindicales y las Comunidades Autónomas, cuyos contenidos serán acordes con los criterios y principios de paridad y confidencialidad expresados para el ámbito sectorial estatal.

Se evitará la concurrencia sobre una misma empresa de estos programas sectoriales y territoriales. Asimismo se procurará que, en el marco de estos programas, no queden ámbitos ni necesidades sin atender.

b) Los programas de actuación irán dirigidos a empresas del ámbito territorial de que se trate con plantillas de 6 a 50 trabajadores y que carezcan de representación de los trabajadores.

c) Deberán establecerse plazos y procedimientos para la evaluación de los resultados preventivos de las actuaciones desarrolladas.

Financiación de los programas

a) El Gobierno articulará en el plazo correspondiente la financiación de los programas sectoriales bajo la formulación de una línea de financiación adicional de la Fundación para la Prevención de Riesgos Laborales, con carácter excluyente de las demás ayudas de dicha Fundación.

b) La financiación de los programas a los que se refiere el apartado 3.2 será análoga a la anterior, sin perjuicio de las fórmulas de complementariedad de las distintas

Administraciones en los programas territoriales.

Articulación de las medidas en la negociación colectiva

Por acuerdo de las Organizaciones Empresariales y Sindicales el ANC 2007 incorporará (a través de la Comisión de Seguimiento del mismo) criterios y orientaciones a los negociadores con los contenidos especificados en los puntos anteriores.

Actuaciones dirigidas a microempresas

En las empresas a las que por su tamaño no afecten los programas previstos en los ámbitos sectorial y territorial, se articulará un programa especial de actuación sobre la base de los criterios siguientes:

- El programa tendrá como objetivo favorecer la implicación de los trabajadores y los empresarios en la mejora de la seguridad y salud laboral, y promover el cumplimiento de las obligaciones y derechos establecidos en la normativa preventiva.

- Los contenidos del programa, así como la evaluación de las actuaciones de desarrollo de los mismos se realizarán en el seno de la Comisión Nacional de Seguridad y Salud. A tal efecto, se tendrán en cuenta los siguientes criterios:

• Establecimiento de incentivos para facilitar el cumplimiento de las obligaciones preventivas por las microempresas, sea cual sea la modalidad organizativa preventiva adoptada.

Estos incentivos se implementarán cuando las funciones del Artículo 30 de la Ley de Prevención de Riesgos Laborales se asuman personalmente por el empresario o a través de la figura del personal designado (trabajador designado).

• Asesoramiento y apoyo técnico preventivo de carácter básico que podrá tener carácter presencial en el centro de trabajo o externo al mismo.

• Estos programas contarán con financiación pública según sus contenidos y características.

3.3. Se promoverá la implicación de los representantes de los trabajadores en la organización y desarrollo de la prevención de los riesgos laborales en la empresa. Para ello, en las empresas de más de 50 trabajadores se impulsarán las facultades que la Ley de Prevención de Riesgos Laborales establece para los trabajadores y sus representantes en sus artículos 18.2 y 36.2 f).

A tal efecto, en el seno del Comité de Seguridad y Salud se tratarán las cuestiones relacionadas con la modalidad organizativa preventiva de la empresa y, en su caso, de la gestión realizada por el Servicio de Prevención ajeno. A estos efectos se facilitara a los representantes de los trabajadores la memoria anual sobre las actividades del Servicio de Prevención ajeno. Los representantes de los trabajadores en dicho Comité podrán presentar un informe razonado sobre estos aspectos que deberá ser contestado por el empresario.

Los delegados de prevención podrán dirigirse a la Autoridad Laboral para poner en conocimiento de la misma cualquier cuestión relacionada con el funcionamiento y la calidad de las actuaciones desarrolladas por el Servicio de Prevención ajeno, la cual, en su caso, vista la cuestión planteada por dichos delegados, dará traslado a las partes implicadas a efectos de las actuaciones que procedan.

La renovación del concierto del Servicio de Prevención ajeno se negociará, y en su caso, se acordará en el seno del Comité de Seguridad y Salud. En caso de desacuerdo el empresario presentara un informe motivando su decisión. En función de su viabilidad jurídica, se podrá acudir de mutuo acuerdo a órganos de solución extrajudicial de conflictos.

3.4. Cuando la modalidad de organización preventiva de la empresa (trabajadores designados, constitución de servicio de prevención propio, concierto con servicio de prevención ajeno) y la elección del servicio de prevención ajeno fueran acordadas en el Comité de seguridad y salud:

• Las empresas serán tenidas en cuenta en los programas de incentivación económica a que se refiere el artículo 5.3 LPRL.

• La Inspección de Trabajo y Seguridad Social podrá incluir a estas empresas, con entre 50 y 500 trabajadores (250 si se trata de empresas que desarrollan actividades del Anexo I del Reglamento de los Servicios de Prevención), en los eventuales programas que puedan seguir al proyecto PREVEA tal y como se señala en la medida 1.1.

• Se ampliará el plazo legal de realización de la auditoria en las empresas que tengan esa obligación legal.

3.5. En el marco de la negociación colectiva se promoverá la implicación de los trabajadores en el cumplimiento responsable de sus obligaciones preventivas de manera que:

☐☐ Se fortalezca el compromiso del trabajador con el cumplimiento del plan de prevención de riesgos laborales de la empresa, las actividades preventivas que se desarrollan en la empresa y con sus propias obligaciones preventivas.

☐☐ Se precisen las competencias de los Delegados de Prevención y de los Comités de

Seguridad y Salud para promover de forma activa el cumplimiento de la normativa de prevención de riesgos laborales por parte de los trabajadores.

☐☐ Se establezcan pautas para la concreción en los convenios colectivos del cuadro básico de incumplimientos de las obligaciones de los trabajadores fijado en el Estatuto de los Trabajadores.

3.6. La Administración General del Estado y la de las Comunidades Autónomas se comprometen a promover que en las grandes obras públicas se constituyan comisiones tripartitas Administración-empresas-representantes de los trabajadores que favorezcan una mejor aplicación de las medidas de protección y prevención que hayan de ser adoptadas.

3.7. Para reforzar la seguridad jurídica y favorecer una mayor implicación de los empresarios en el cumplimiento de sus obligaciones preventivas, se analizarán, previa la realización de los informes oportunos (Consejo General del Poder Judicial, Fiscalía General del Estado...), los problemas derivados de la concurrencia en relación con la prevención de riesgos laborales de los cuatro órdenes jurisdiccionales: civil, penal, contencioso-administrativo y social.

En este marco, se estudiará también la conveniencia de establecer mecanismos que satisfagan las indemnizaciones por responsabilidad civil derivada de accidentes de trabajo de los que sea responsable el empresario que resulte insolvente o que sirvan para resarcir a los trabajadores en cuanto víctimas directas e indirectas de delitos dolosos.

Bibliografía

Bobbio N. Igualdad y desigualdad

Burawoy M. Manufacturing consent

Rovira C. La inserción laboral de personas discapacitadas

García Gómez M. La salud y la salud publican

Grupo SEE y Grupo semFyC

Regidor E, Gutierrez-Fisac JL, Rodríguez C.

American College of Ocupational and Environmental Medicine

Luque Parra M.

Alonso Mellado CL

Fernández Marcos

Palomeque Gómez MC

Sempere Navarro AV

Pique T, Marron MA Nota

Gallo Fernández M.

Díaz Moliner R.

Vázquez I. coordinador

Olavarri R. Los costes y beneficios de la prevención

Autoras

Ana Redondo Crespo
Mª Ángeles Tejado Alamillo
Blanca Rodríguez Ortuño

Primera edición. Febrero 2012

C autoras

ISBN: 9781471629990